MANUEL DU LANGAGE CORPOREL

Comment Analyser Les Gens, Percer Tous Les Secrets de la Manipulation et Arrêter de se Faire Mentir.

James Path

BRADBURY
Bestsellers

« Il n'y a pas de mots plus clairs que le langage du corps, une fois que vous avez appris à le lire ».

Alexander Loewen

BRADBURY
Bestsellers

Copyright © 2022 par Bradbury Bestsellers

Tous droits réservés.

Aucune partie de ce livre ne peut être reproduite sous quelque forme que ce soit ou par des moyens électroniques ou mécaniques, y compris les systèmes de stockage et de récupération de l'information, sans l'autorisation écrite de l'éditeur, sauf par un critique qui peut en citer de brefs passages dans une critique.

Références bibliographiques

James Path est écrivain, spectateur et un raconteur. Il aide les entreprises et les personnalités à raconter leur histoire. Passionné par la psychologie et la perception humaine, James apporte une personnalité ouverte et innovante au monde de la communication, en travaillant dans le domaine de la stratégie d'entreprise, de la gestion de la perception, de l'image de marque et de la narration.

James est profondément conscient de l'impact qu'une certaine forme de communication a sur les autres, mais aussi, et surtout, sur nous-mêmes :

La psychologie et l'art de la communication m'ont toujours fasciné, mais ce n'est que dans leur application à aider les autres que je me sens vraiment vivant et épanoui dans la vie.

BRADBURY
Bestsellers

TABLE DES MATIÈRES

INTRODUCTION 1

CHAPITRE I : LE LANGAGE DU CORPS 7

    L'IMPORTANCE DU LANGAGE CORPOREL 16

    PARTIES CONSTITUTIVES DU LANGAGE CORPOREL 19

    L'IMPORTANCE DE LA COMMUNICATION NON VERBALE .. 23

    L'IMPORTANCE DE LA COMMUNICATION COGNITIVE 28

    SIGNAUX NON VERBAUX 35

    LA COMMUNICATION NON VERBALE POUR DE BONNES RELATIONS 41

    LA COMMUNICATION NON VERBALE, SON IMPORTANCE ET SA COMPRÉHENSION 45

CHAPITRE II : SYSTÈME PARA LINGUISTIQUE ET EXTRA-LINGUISTIQUE 49

    CARACTÉRISTIQUES ET RÈGLES DU SILENCE 52

    LE SILENCE ET LA COMMUNICATION NON VERBALE DANS LES RELATIONS 56

CHAPITRE III : CINE SICO SYSTEM 63

CHAPITRE IV : MIMIQUES DU VISAGE, EXPRESSIONS, SIGNES DU SOURIRE 73

    EXPRESSIONS FACIALES 75

    L'INTERPRÉTATION DRAMATIQUE DES DIRECTIVES RELATIVES AUX EXPRESSIONS FACIALES 79

    CRÉER DES EXPRESSIONS FACIALES CRÉDIBLES 82

    COMMENT DÉTECTER LES ÉMOTIONS À TRAVERS LES EXPRESSIONS FACIALES DANS LE TEST DU DÉTECTEUR DE MENSONGES 89

LE CONTEXTE DANS LA COMMUNICATION NON VERBALE 94

CHAPITRE V : PROXEMIQUE ET SON IMPORTANCE 99

POURQUOI LA PROXÉMIE EST-ELLE IMPORTANTE DANS LES NÉGOCIATIONS ? 103

UTILISER LA PROXÉMIE POUR ACCENTUER LES ÉMOTIONS 107

CHAPITRE VI : Aptica 111

À TOUCHER OU À NE PAS TOUCHER ? 113

LE POUVOIR SCANDALEUX DU TOUCHER 115

LES CARACTÉRISTIQUES DU CONTACT CORPOREL DANS LES RELATIONS AMOUREUSES 118

LES ÉLÉMENTS NON VERBAUX ESSENTIELS À UNE RELATION SAINE ET AMOUREUSE 121

CHAPITRE VII : SAINT GRAÏL - FONCTIONS ET APPLICATIONS DU LANGAGE CORPOREL 126

IMPRESSION I 130

LA FAÇON DONT LES AUTRES SE FONT UNE IMPRESSION EST INFLUENCÉE PAR LE LANGAGE CORPOREL 132

LA DOMINATION, LE POUVOIR ET LE STATUT 134

LE LANGAGE CORPOREL ET L'INTIMITÉ PHYSIQUE 136

L'IMPORTANCE DU LANGAGE CORPOREL DANS LES ENTRETIENS D'EMBAUCHE 141

QU'IMPLIQUE LE LANGAGE CORPOREL LORS D'UN ENTRETIEN ? 145

LES PIÈGES DU LANGAGE CORPOREL LORS D'UNE INTERVIEW 149

GESTION DES IMPRESSIONS 154

TECHNIQUES DE GESTION DES IMPRESSIONS 156

EXCELLER DANS LES PRÉSENTATIONS 160

L'ORGANISATION ET LE CONTENU D'UN DISCOURS 165

COMMENT APPLIQUER LE LANGAGE CORPOREL DANS DES SITUATIONS PERSONNELLES ET JURIDIQUES 168

CONTRÔLER LE LANGAGE CORPOREL - FAIRE CORRESPONDRE LE MESSAGE À LA POSTURE 177

PRISE DE PAROLE EN PUBLIC : LANGAGE CORPOREL ET POSTURE 180

LE LANGAGE CORPOREL ET LE MENSONGE 183

Conclusion 189

« S'il est vrai que le mode d'expression normal de l'esprit rationnel est la parole, celui des émotions est de nature non verbale ».

Daniel Goleman

INTRODUCTION

La communication verbale et le langage corporel sont l'une des formes de message et de sens les plus influentes que nous utilisons dans nos rencontres quotidiennes.

La manière dont nous communiquons nous permet de stimuler nos émotions et nos réactions « basiques ». Selon les recherches, la conscience du langage corporel améliore la capacité à obtenir ce que l'on veut dans n'importe quelle situation.

Avez-vous déjà observé un couple assis ensemble et, en quelques minutes, été capable de déterminer la qualité de leur relation ? Vous êtes-vous jamais demandé comment vous pouviez obtenir cette interprétation sans communication directe ?

Consciemment ou inconsciemment, nous passons nos journées à réagir à des signaux non verbaux communiqués par le langage corporel et à faire des déductions sur les autres à partir de nos observations.

Notre langage corporel exprime la vérité que nous cachons avec des mots, comme ce que nous ressentons réellement à propos de nous-mêmes, de nos relations et de nos circonstances. Par le contact visuel, les gestes, la posture corporelle et les expressions faciales, les interlocuteurs peuvent déduire nos intentions, le type de relation que nous entretenons avec quelqu'un d'autre, notre maîtrise d'un certain contexte, notre niveau d'estime de soi et nos motivations et désirs authentiques.

L'efficacité du langage corporel réside dans la réponse émotionnelle qu'il provoque. Les décisions et les réponses sont presque toujours fondées sur des émotions.

Les signaux non verbaux suscitent des sentiments qui déterminent la perception des qualités essentielles d'une personne : honnêteté, fiabilité, sincérité, niveau de compétence, capacité à diriger... Ces signaux peuvent influencer nos choix, les personnes que nous fréquentons, avec qui nous travaillons, notre niveau de réussite et même les personnes que nous élisons à des postes politiques importants.

Puisqu'il s'agit d'une compétence fondamentale, pourquoi ne pas passer des années à apprendre et à acquérir une conscience du langage corporel ?

Malheureusement, la plupart des individus sous-estiment l'importance de ces signaux jusqu'à ce qu'il leur soit nécessaire de comprendre plus profondément le comportement humain dans une relation personnelle ou dans un environnement commercial compétitif.

La maîtrise du langage corporel permet de percevoir la signification des différents gestes et mouvements du corps et de comprendre comment projeter et exprimer des messages lors d'une interaction efficace avec les autres.

La méthode idéale pour démarrer ce processus de maîtrise consiste à acquérir une connaissance fondamentale de deux manifestations du langage corporel : la posture ouverte et la posture fermée.

Les gens qui adoptent une posture fermée replient leur corps sur sa ligne centrale. Les pieds sont rapprochés, les bras sont tenus près du corps, les mains sont croisées ou de petits gestes sont faits, les épaules sont roulées vers l'avant et le regard a tendance à être dirigé vers le bas.

Cette posture est synonyme de manque de confiance, d'estime de soi, d'impuissance et d'inexpérience. Dans des conditions extrêmes, il peut même exprimer le désir d'être invisible.

Cette attitude a des conséquences négatives sur le plan social. En fait, cela risque d'empêcher les gens de profiter des possibilités. Poussée à l'extrême, elle peut conduire au développement d'une mentalité de victime, telle qu'une prophétie qui se réalise d'elle-même.

À l'inverse, les personnes qui adoptent une posture ouverte transmettent un sentiment d'autorité, de pouvoir et de leadership en projetant des sentiments de réussite, de confiance, de force et de maîtrise de ses capacités.

La posture se caractérise par : des pieds perpendiculaires aux hanches, des coudes maintenus loin du corps, des épaules en arrière, des mouvements de mains ouverts et éloignés de la ligne centrale, une posture droite et un regard au niveau des yeux des autres auditeurs.

Ces personnes sont perçues comme étant séduisantes, prospères, intellectuelles et naturellement performantes. C'est la raison pour laquelle nous considérons ce type de langage du corps comme le « langage du leadership ».

Le meilleur moyen de perfectionner le langage corporel et de projeter une posture ouverte est le contact visuel, l'un des outils de communication les plus essentiels dont nous disposons.

Le contact visuel direct, lorsqu'on communique avec les autres, peut changer leur perception : ceux qui commencent à parler en regardant directement dans les yeux d'une personne sont perçus comme confiants, dignes de confiance et compétents.

Un autre signal sur lequel une personne peut travailler pour être perçue comme ayant une posture ouverte est fondée sur les mouvements de la main et les expressions faciales. Grâce aux gestes variés et aux expressions ouvertes, on peut obtenir un meilleur impact en parlant, en devenant visuellement plus intéressant pour le public.

Malgré les avantages d'aborder les gens en adoptant une posture ouverte, on nous enseigne dès le plus jeune âge des comportements, comme s'asseoir les genoux serrés et les mains croisées devant soi, qui nous incitent à restreindre notre espace physique, ce qui nous amène à adopter certains traits caractéristiques d'une posture fermée.

Prendre conscience de ce que notre corps communique et être capable de le maîtriser afin de transmettre précisément le message que l'on souhaite transmettre permet de contrecarrer cette attitude développée dans l'enfance.

En sachant distinguer les différentes formes de langage corporel, chaque personne peut acquérir la maîtrise nécessaire pour réussir dans une activité.

« La communication non verbale est un code secret élaboré qui n'est écrit nulle part, connu de personne et compris par tous ».

Edward Sapir

CHAPITRE I : **LE LANGAGE DU CORPS**

On commence par une introduction au langage corporel. Essayez de penser de façon créative pendant un certain temps pour bien comprendre ce qu'est le langage corporel.

Le terme « langage » fait en général référence à la communication verbale. En effet, en combinant les mots et les sons, les hommes utilisent des langages de communication depuis des temps immémoriaux.

Certains langages sont plus anciens que d'autres, y compris le grec, l'hébreu et le latin. Toutefois, la langue la plus ancienne, c'est le langage corporel. Ce dernier était effectivement la première méthode de contact entre les individus.

Depuis le langage du corps est toujours le premier canal de communication et est le langage le plus ancien dans le monde, il est essentiel de l'étudier en profondeur. Compte tenu de la difficulté de comprendre les femmes, les relations amoureuses et la sexualité, le besoin de se plonger dans ce sujet atteint maintenant un tout autre niveau !

Nous réfléchissons à la passion des femmes pour la littérature romantique. Le style d'écriture descriptif qui souligne le langage du corps est à la racine des romans d'amour. « *Elle était vulnérable à son toucher alors qu'elle se tenait serrée autour de ses jambes* » et vous comprendrez ce que je veux dire.

En raison de leur connaissance du langage corporel, les femmes s'intéressent à cette forme de visualisation lorsqu'elles lisent. Selon les scientifiques, les femmes sont dix fois plus susceptibles que les hommes d'utiliser le langage du corps. Nous, les hommes, serons alors plus compétents que les femmes dans l'interprétation de ces gestes.

C'est comme si la femme était obligée de prendre un entraînement sécuritaire « comment lire les hommes en quelques secondes » ; cela fait partie de son ADN.

Plusieurs femmes exigeantes, en choisissant un conjoint, peuvent renvoyer un homme dès qu'il entre dans une pièce. Vous pouvez penser qu'il ne vous a pas remarqué parce qu'il ne vous a pas vu directement, mais en fait il vous a déjà marqué ! Elle est similaire à la séquence du film Robocop de la fin des années 1980 : il scanne la pièce, identifie le criminel, vérifie ses antécédents et inspecte les armes avant même que le criminel ne se rende compte que Robocop est entré dans la pièce.

Ce qui est drôle, c'est que la fille qu'elle marque ne réalise même pas qu'elle le fait ! Disons qu'une de ses amies la présente à un homme qui lui est indifférent. Elle ne dira ni ne pensera pas consciemment : « *Je n'ai pas aimé sa façon de marcher devant moi. Ses actions indiquent qu'il a une mauvaise opinion de lui-même et que ce type ne sait pas comment conquérir les femmes séductrices, mais elle va inconsciemment le qualifier d'inadapté* ». Elle dira sans doute quelque chose comme : « *Il a l'air d'un homme charmant, mais il ne m'intéresse pas particulièrement* ».

D'ailleurs, une fois que nous avons maîtrisé le langage corporel, nous voulons pouvoir être observés avant notre approche ; nous voulons qu'elle nous étudie. Si nous parlons efficacement, la femme sera intriguée et cela se transformera en intérêt une fois que le contact sera établi.

De toute évidence, elles sont capables d'être cruelles, illogiques et injustes. Dès que votre langage corporel indique que vous lui accordez une position supérieure à la vôtre, l'attraction meurt rapidement comme les méchants dans Robocop. C'est le problème que j'ai rencontré avec les femmes et tout le jeu de la séduction : la rapidité avec laquelle une femme dit non ou peut-être (c'est rarement un oui immédiat).

Le hic, c'est que les hommes ont accordé aux femmes le contrôle et l'influence de différentes manières ; ils peuvent être tellement excités lorsqu'une belle femme passe qu'ils tirent la langue pour la remuer.

Il n'est pas surprenant que les femmes aient une telle estime de soi exagérée ; il est surprenant qu'elles ne conduisent pas toutes des minifourgonnettes pour s'adapter à leur égo. Elles pensent que tous les hommes doivent constamment leur dérouler le tapis rouge.

Il n'y a essentiellement que trois positions du corps dans la loi du corps :
- Position d'infériorité : résultat d'un excès d'approbation verbale, physique et émotionnelle excessive d'une personne ou d'un groupe.

- Recherche d'approbation : une attitude d'infériorité caractérisée par des tentatives excessives d'obtenir l'approbation d'un individu ou d'un groupe.
- Maintien de l'approbation : il ne s'agit pas de donner ou d'obtenir une approbation. Au contraire, il est une série d'indices physiques et vocaux indiquant la suprématie et le pouvoir. Elle peut aussi être interprétée comme un point de vue neutre.

Je vais commencer par vous présenter quelques stratégies pour améliorer votre langage corporel presque tout de suite.

Imaginez qu'une caméra est constamment pointée sur vous. Il a été prouvé que les femmes observent tous les aspects des hommes dans les contextes sociaux. Par conséquent, si vous vous retournez pour observer une belle femme qui vient de passer, vous vous serez déshonoré aux yeux de toutes les autres femmes présentes dans la pièce.

Des positions corporelles simples et saines peuvent faire toute la différence. Est-ce que votre mère vous a toujours conseillé de marcher avec confiance et dos aux épaules ? Elle avait raison.

L'angle entre vos oreilles et vos épaules devrait être de 90 degrés : gardez toujours cela en tête et surveillez vos progrès. Vous pouvez vous entraîner, mais vous reviendrez à une posture incorrecte avant même que vous le sachiez, alors soyez vigilant.

J'ai entendu dire que ce n'est pas mal d'avoir les mains dans les poches, car c'est une position neutre. Je ne suis pas du même avis. Gardez toujours vos mains en vue dans des environnements sociaux et jamais derrière vous ou caché dans votre poche. Ça peut paraître très gênant au début, mais ça vaut le coup.

Il faut aussi utiliser ses mains pour communiquer. Il y a des femmes qui sont attirées par les mains d'un homme, surtout si elles sont bien développées. Quand les mains sont visibles, il est possible pour la femme de s'enthousiasmer et de les regarder furtivement. De même que les hommes aiment le cou d'une femme, certaines femmes préfèrent les mains de leur partenaire masculin. Par ailleurs, l'usage correct des gestes de la main est un signe de confiance intérieure.

Autre conseil : souriez agréablement, mais sans exagération. Cela vous rendra plus agréable, mais si vous le faites trop souvent, vous aurez peut-être l'impression de surcompenser votre peur ou votre inquiétude. Le sourire donne une aura positive, facilite l'approche et supprime l'anxiété, sauf si vous souriez excessivement. Dans ce cas, vous allez donner les filles un sentiment de « peur froide ».

Continuez d'interagir de façon constructive avec tout votre entourage, y compris les étrangers, mais ne le faites pas par anxiété.

Cela vous aidera à maintenir un langage corporel flexible et détendu dans toutes les situations.

Par exemple, quand les hommes font la queue pour entrer dans une boîte de nuit, ils pensent habituellement que personne ne les surveille. Toutefois, il faut contrôler notre comportement, parce que nous ne voulons pas être mal classés, sachant que nous savons que les femmes peuvent se précipiter pour porter un jugement. Voilà pourquoi nous essayons de développer un dialogue engageant avec les gens en ligne, hommes et femmes, et surtout pas seulement avec de belles femmes.

Voici pourquoi : quand vous arrivez enfin au club, vous aurez établi une relation et peut-être trouvé une amitié. Ceci sera utile car le groupe de filles du club que vous souhaitez attirer verra que vous êtes bien aimé et accepté par d'autres.

Vous devriez également discuter avec les hommes, car ils peuvent connaître des filles du club qui s'intéressent à vous, ce qui vous donnera une excuse pour entamer une approche avec l'une d'entre elles. Puisqu'ils vous ont accepté dans leur groupe, ces hommes ne s'engageront pas dans le blocage de la bite.

Voici des conseils pour attirer une femme dans une boîte de nuit.

Commencez à danser avec les filles en attente et les autres femmes qui veulent danser avec vous. Ces filles attireront la femme que vous voulez impressionner. Si vous dansez en groupe et qu'il n'y a pas de partenaire potentielle parmi eux, montez sur la piste de danse avec la femme qui semble la plus intéressée par vous. Il vous faudra bien sûr interpréter ses gestes pour le comprendre : elle peut vous approcher et commencer à danser ou tout simplement se tenir à vos côtés.

Pour montrer un langage corporel attrayant sur la piste de danse, après une ou deux chansons, il faut tourner le dos pour qu'il s'accroche à vous par derrière.

C'est similaire à l'apparence d'un couple qui roule ensemble, mais dans ce cas, le couple - vous et la fille - danse. Cela peut paraître un peu bizarre, mais si vous le faites bien, vous enverrez un message clair : elle se soucie de vous, mais vous ne retournez pas la même chose. Ainsi, vous démontrerez que vous éprouvez du plaisir et que vous ne vous donnez pas trop d'efforts. Souriez et riez, flirtez un peu et amusez-vous.

Cela peut sembler étrange, mais si vous vous comportez selon ces conseils, la fille commencera à vous apprécier, simplement parce que vous rayonnez de confiance. Cela n'arrivera pas qu'à elle : le plus souvent, une fille du groupe qui, au départ, ne semblait pas s'intéresser à vous, commencera à montrer de l'attention à votre égard.

Voici quelques étapes rapides à suivre dans un club, un bar ou tout autre milieu social. En toute occasion, lorsqu'il existe des femmes susceptibles de vous intéresser, vous ne devez jamais relâcher votre vigilance ; et par « en toute occasion », je veux dire même lorsque vous êtes seul.

Je ne peux pas compter le nombre de fois où j'ai observé des hommes, dont plusieurs de mon programme, qui savent comment se présenter en public, mais qui continuent à maintenir leurs terribles habitudes lorsqu'ils sont seuls.

Si vous n'avez pas pratiqué les comportements ci-dessus, même lorsque vous êtes seul, ils auront tendance à apparaître même dans des situations sociales où ils ne sont pas les attitudes souhaitées. Si vous ne pratiquez de bonnes habitudes de langage corporel que lorsque vous êtes seul, elles deviendront vos habitudes à la fois lorsque vous êtes seul et en public.

L'IMPORTANCE DU LANGAGE CORPOREL

L'importance du langage corporel dans la communication en personne varie selon la langue parlée. Certaines langues, en fait, s'en servent plus que d'autres pour transmettre des subtilités de sens.

La richesse de la langue anglaise nous permet de communiquer beaucoup de nuances, les locuteurs natifs de l'anglais comptent généralement moins sur le langage corporel pour transmettre des sens. Ceux qui préfèrent une langue avec un vocabulaire limité sont souvent en mesure de s'exprimer par intonation, expressions faciales et gestes.

Il est également vrai que si quelqu'un dit « *J'ai hâte de travailler avec vous* », mais regarde ensuite l'horloge et évite le contact visuel, la plupart d'entre nous supposeraient que ces paroles ne reflètent pas correctement les vrais sentiments de la personne.

Autrement dit, si le langage corporel et les mots transmettent des messages différents, nous aurons tendance à nous en remettre davantage au langage corporel. On est porté à identifier ce dernier comme le moyen d'expression le plus fidèle à nos sentiments et pensées les plus intimes, puisqu'il est considéré comme inconscient et spontané. Ainsi, nous exploitons donc la capacité innée de comprendre le langage corporel que nous possédons tous, mais que nous ne connaissons peut-être pas.

De même, si quelqu'un vous dit : « J'ai hâte *de travailler avec vous* » d'une voix monotone avec un petit soupir à la fin, vous ne le croirez certainement pas une seconde. Encore une fois, si le ton de la voix transmet un message autre que des mots, nous aurons tendance à nous fier davantage au sens que ce ton de voix particulier transmet.

Les mots seront considérés comme vrais si le ton de la voix et le langage du corps sont cohérents. Au-delà de la compréhension des modèles linguistiques, il est essentiel de comprendre les composantes non verbales de la communication.

Le fait que nous comprenions intuitivement le sens d'une grande variété de langages corporels ne signifie pas que nous percevons toujours exactement ce qui est transmis par ce mode de communication. En effet, les aspects individuels du langage corporel doivent être lus en contexte plutôt qu'avoir un sens fixe.

Par exemple, on pense souvent que se croiser les bras au-dessus de la poitrine est un geste défensif. Il peut en être ainsi, surtout s'il est observé à un moment de la conversation où la personne a de bonnes raisons d'être sur la défensive.

Cependant, il existe de nombreuses raisons pour lesquelles une personne peut croiser les bras : elle peut avoir froid, être assise sur une chaise sans accoudoirs ou simplement se sentir à l'aise.

Si vous voulez comprendre le langage du corps, ne vous contentez pas d'examiner les éléments individuels. Regardez la situation dans son ensemble et recherchez trois ou quatre indices qui sont cohérents entre eux afin de tirer des conclusions fiables sur le véritable message que nous recevons de notre interlocuteur.

PARTIES CONSTITUTIVES DU LANGAGE CORPOREL

Selon les recherches, les mots que nous utilisons dans les conversations vis à vis ne représentent que 7 % du message que nous exprimons lorsque nous communiquons avec des personnes. Wow ! Qu'y a-t-il de plus fort que les mots ? Bien sûr, le langage corporel. C'est un incroyable 55 % du message. Le ton de la voix ne fait que compléter l'équation.

Vous ne le pensez pas ? Imaginez que je raconte une histoire et que vous m'approchez, bâillez, baissez les yeux, hochez la tête et partez. Tu as dit quelque chose ? Non, rien.

Est-ce que j'ai compris ? Oui : vous n'avez pas aimé mon histoire et l'avez trouvée ennuyeuse. Étonnamment, vous avez communiqué sans rien dire ! Le contact visuel, l'expression faciale, les mouvements du corps et l'espace personnel constituent des éléments importants du langage corporel.

- Développer le contact visuel

Le contact visuel est l'une des formes de communication les plus essentielles. Un simple contact visuel avec votre interlocuteur risque de modifier leur perception de vous.

En établissant un contact visuel avec un consommateur, il vous verra comme digne de confiance, confiant et compétent. Vous démontrerez aussi que vous êtes prêt à écouter ce que la personne a à dire. Ceux qui évitent le contact visuel, en revanche, transmettent l'inconfort, le manque de sincérité, l'inattention et le manque d'intérêt.

Mais on ne doit pas exagérer. Si vous fixez dans les yeux le client, vous risquez de lui faire peur.

- Expression faciale

La meilleure expression qu'on puisse avoir est un vrai sourire. Même les jours où vous ne vous sentez pas bien, le fait de sourire vous aidera à vous sentir mieux ; de plus, vous paraîtrez accessible et aimable.

Sourire aide également les autres à se sentir mieux ; c'est la meilleure approche pour mettre le client de bonne humeur et le rendre utile.

Toutefois, il faut tenir compte de la mentalité initiale du client. S'il semble en colère, le fait de l'écouter en souriant l'exaspérera. Prenez connaissance du langage corporel de vos clients et répondez en conséquence.

- Mouvement du corps

Votre manière de traiter le client en dit long sur vous : le point de vue du client vous intéresse-t-il ? Leur dilemme vous inquiète-t-il ? Ça t'amuse de le regarder ? Si vous vous tenez debout, hochez la tête et accordez toute votre attention au client, vous montrerez que vous l'écoutez activement. Si, au contraire, vous vous appuyez sur le mur, tournez votre corps de l'autre côté et faites d'autres tâches en même temps, vous lui communiquez de l'indifférence. Les mouvements des mains sont aussi très importants.

- Espace personnel

Il est indispensable de prendre en considération la distance qui vous sépare de votre interlocuteur. Le fait que le client déménage indique qu'il a besoin de plus d'espace pour parler et se sentir à l'aise. Généralement, une distance entre un demi-mètre et un mètre est parfaite. N'oubliez pas, cependant, que les règles de proxémie varient : ce qui constitue un espace personnel acceptable dans un pays peut varier dans un autre.

Le langage corporel est une technique de communication efficace ; sa compréhension et son utilisation adéquate vous mèneront au succès dans vos relations d'affaires et personnelles.

L'IMPORTANCE DE LA COMMUNICATION NON VERBALE

La communication silencieuse est un autre nom donné à la langue non verbal. Il s'agit d'une communication d'information entre une personne et un groupe, verbalement ou au moyen d'expressions faciales, de postures, de gestes, etc.

La plupart des gens utilisent des signaux non verbaux pour communiquer au quotidien. Ce mode de transmission des messages est appris dès la petite enfance. La preuve du rôle fondamental qu'il joue dans nos vies est que même les enfants handicapés qui ne parlent pas peuvent communiquer avec leurs mains.

Selon l'anthropologue Paul Ekman, « le *langage corporel et les émotions faciales, en particulier, transmettent un message plus efficacement que de simples mots* ».

La communication non verbale est instinctive pour nous ; par exemple, avez-vous déjà constaté qu'on sourit, qu'on fronce les sourcils et qu'on est irrité lorsqu'on parle à quelqu'un au téléphone ? Même si, dans ce cas, le message que notre expression faciale et notre comportement transmettent peut ne pas être reçu par le destinataire, il est naturel pour nous de les mettre en action de toute façon.

Étant donné leur nature spontanée, il est important de veiller à modérer nos expressions, car les malentendus peuvent conduire à des situations désagréables, susceptibles de mettre en péril un lien, comme lorsque nous conversons avec des amis, des parents ou des membres de la famille.

Si, d'autre part, nous communiquons avec un étranger, nous devons être encore plus prudents, parce que cette personne ne nous connait pas et peut mal interpréter certaines de nos manières.

Se serrer la main, saluer, pointer du doigt et menacer quelqu'un en levant la main sont des gestes qui ne demandent pas de mots, mais qui sont des interactions non verbales.

Nos yeux nous permettent de communiquer nos pensées et nos émotions : regards de surprise, de colère, d'ignorance, de ruse, etc.

Même un signe de tête peut être utile pour indiquer un oui ou un non. Lorsque les enfants commencent à parler, ils ont recours à une variété de gestes non verbaux pour communiquer avec les adultes.

La façon de s'asseoir et de marcher peut également transmettre une certaine intention. Par exemple, croiser ses jambes ou ses bras est un signe d'égoïsme.

Parfois, quand une personne se penche vers l'avant en serrant la main à l'autre personne, elle veut transmettre un message d'humilité. En Inde, toucher les pieds des personnes âgées et obtenir leur bénédiction est un signe de bonnes manières.

Le toucher, également associé à la communication non verbale, peut servir à transmettre des sentiments de chaleur et de sympathie. On croit que les nourrissons et les enfants connaissent et reconnaissent ceux qu'ils aiment en les touchant.

Lorsqu'une autre personne essaie de prendre l'enfant dans ses bras, l'enfant crie et lorsqu'il sanglote dans son sommeil et que la mère pose sa main sur sa poitrine, l'enfant reçoit un message non verbal de protection et de sécurité.

Selon le dicton « la première impression est celle qui dure », les apparences ont également un impact important. Le choix des couleurs, des vêtements, de la coupe de cheveux et de la posture représente notre personnalité. Aujourd'hui, les employés de bureau sont tenus de se vêtir formellement dans les entreprises et les bureaux, précisément pour empêcher leur style de contester les préjugés des autres.

Ou imaginez un candidat qui a besoin de passer un examen. Même s'il s'agit d'un examen écrit, le seul examen qu'ils doivent subir est fondé sur leurs connaissances. Quand, au contraire, c'est un entretien oral, une autre variable pertinente entre en jeu, qui dépend de sa personnalité. La couleur de ses vêtements, en fait, révèle sa nature ; comme on dit, « les couleurs parlent ». De plus, la manière dont elle marche révélera aussi sa confiance, son expression faciale peut nous parler de son état nerveux et ses yeux nous diront son niveau de peur.

Avant de mener un entretien oral, le comité de sélection dispose donc de tous ces indices pour se faire une première impression du candidat. C'est pourquoi les cours sur la façon de se promouvoir sont en vogue aujourd'hui.

L'IMPORTANCE DE LA COMMUNICATION COGNITIVE

Selon les canaux de transmission employés, le processus de communication peut être catégorisé en formes verbales et non verbales.

La communication non verbale est la forme fondamentale de communication à la disposition des êtres humains. On estime que cela représente 55 % de notre communication, 38 % de la parole et seulement 7 % de la communication écrite.

Le processus de communication implique le codage et la transmission d'un message par l'expéditeur. Les renseignements sont ensuite transmis au destinataire par le canal de communication choisi. Le destinataire décode alors le message, traite les données et fournit une réponse convenable par le même canal de communication. Ce procédé est identique si les méthodes de communication sont verbales ou non verbales.

La communication non verbale implique le langage corporel, les expressions faciales et les images, telles que les diagrammes ou les photographies, qui sont utilisées pour communiquer.
Moyens de communication non verbaux.

On distingue huit stratégies principales de communication non verbale. Le concept de « langage corporel » nous est généralement assez familier. Il s'agit toutefois d'une expression large qui inclut d'autres formes de communication non verbale, telles que les gestes, la posture et le regard.

• Contact visuel

Le contact visuel peut transmettre la curiosité, l'attention et l'implication. Les éléments à prendre en compte sont les schémas de fixation, la dilatation des pupilles, la fréquence des clignements de paupières ainsi que la direction et l'intensité du regard.

- Expression faciale

Selon le psychologue Paul Ekman, auteur de la théorie neuro-culturelle des émotions, il existe des expressions faciales dérivées de ce que nous ressentons dans certaines situations, qui sont considérées comme universelles, c'est-à-dire valables dans toutes les cultures. Pour démontrer son hypothèse, il a présenté des photos représentant des visages d'individus avec une certaine expression émotionnelle. Même si les participants à l'expérience venaient de différents pays (le test a également été mené sur des peuples primitifs), les émotions associées aux expressions représentées étaient généralement reconnues.

Ekman a ainsi identifié les émotions dites primaires et les expressions faciales correspondantes : colère, peur, tristesse, bonheur, surprise et dégoût. Comme il existe une interprétation commune de ces expressions, nous pouvons les utiliser à notre avantage. Par exemple, nous savons que si nous sourions, nous serons perçus comme étant amicaux, ouverts et serviables.

- Posture

La posture, la façon de s'asseoir, peut susciter des jugements et des pensées chez nos interlocuteurs. Par exemple, une personne qui n'arrête pas de bouger et de bouger ses mains pendant une entrevue sera interprétée comme une personne nerveuse et peu sûre d'elle. D'autre part, si le candidat est debout, avec un grand coffre et une position assise, l'examinateur pensera qu'il a une personne confiante, compétente et fiable devant lui.

- Gestes

Même de petits mouvements de la tête, du visage et des yeux, comme cligner des yeux, hocher la tête ou les faire rouler, peuvent exprimer des émotions ou transmettre des messages.

Imaginez qu'on soit devant un professeur qui vient de nous poser une question. Si nous le voyons hocher la tête pendant notre exposé, cela peut nous encourager à continuer. Si, par contre, il hoche la tête horizontalement, il faut rapidement changer de cap, car on ne répond probablement pas correctement à sa question.

Les gestes sont importants lors d'une interaction ; parler sans les exécuter peut paraître monotone, rigide et sans vie.

- Toucher

Le terme « toucher », qui est lié à la communication, inclut les poignées de main, les baisers, les caresses, les « high-five » et les bras.

Le sens du contact dépend beaucoup du contexte et de la relation entre les communicateurs. Si, lors d'un dîner en amoureux, deux jeunes hommes se tiennent la main, nous interpréterons ce geste comme une démonstration d'affection.

D'autre part, si nous répétons le même geste en regardant un film d'horreur, l'émotion dominante peut ne pas être l'affection mais la crainte.

- Protège-langue

Ce terme désigne les signaux non verbaux de la voix, c'est-à-dire les qualités acoustiques du discours : le ton, l'intonation et l'accent peuvent véhiculer des messages muets.

- Proxémique

Proxémique est l'étude de l'espace et des distances interpersonnelles entre deux personnes. Il est possible d'identifier différentes zones (espaces entourant une personne) plus ou moins étendues en fonction de la relation entre les individus et dans lesquelles il est interdit aux personnes non autorisées de pénétrer. Par exemple, la zone intime entoure une personne jusqu'à un maximum de cinq pieds et est prévue pour les amis proches et les membres de la famille.

- Habillement et caractéristiques physiques

Les caractéristiques telles que le corps, la taille, le poids, les cheveux, la couleur de la peau, le sexe, l'odeur et les vêtements véhiculent des indices non verbaux que notre esprit ne peut ignorer.

SIGNAUX NON VERBAUX

L'abondance de promotions et de publicités pour les agendas, les sacs à dos et les trousses à crayons de la rentrée scolaire à la télévision indique que l'été est passé trop vite ; mais je peux imaginer la pile de romans fantastiques que vous avez lus pendant l'été. Je dois dire que les romans policiers, les histoires d'amour et les biographies historiques sont tous d'excellentes formes de divertissement, mais maintenant que vous envisagez de retourner au travail ou à l'école, il y a une autre compétence de communication dont j'aimerais parler : c'est l'art de « lire » les gens.

Pour être en mesure de lire les gens, nous devons prêter une attention particulière aux subtilités du comportement non verbal, aux indices et aux repères que notre corps révèle involontairement lorsque nous parlons. Savoir lire les gens est une compétence cruciale dans le monde commercial du XXIe siècle, d'autant que les indices non verbaux nous aident à mieux interpréter le comportement et l'attitude de notre voisin.

Bien qu'il ne soit pas facile de tirer des conclusions à partir d'actions individuelles spécifiques, les combinaisons de comportements non verbaux servent sans aucun doute d'indications sur la cohérence mentale et comportementale.

Lire les gens et comprendre le langage du corps sont très intuitifs et sont souvent désignés comme sixième sens.

Pensez à une situation dans laquelle vous êtes entré dans une pièce, vous avez approché un groupe de personnes mais vous ne vous êtes pas senti bienvenu. Peut-être qu'avant votre arrivée, ils parlaient entre eux avec enthousiasme, mais avec votre arrivée, la conversation a été brusquement interrompue. Même si personne n'a rien dit explicitement, vous avez le sentiment d'être un intrus.

Quel comportement non verbal est à l'origine de cette conclusion ? Y a-t-il eu des bras croisés, des regards durs, des silences ou des têtes tournées ? D'un autre côté, pensez à une occasion où vous avez mal compris quelqu'un et où vous vous rendez compte, avec le recul, que vous avez manqué les indices les plus évidents.

Abraham Mehrabian est l'un des premiers chercheurs à avoir examiné l'efficacité du comportement non verbal. Il estime que l'expression du visage représente à elle seule 55% de toute la communication humaine. Selon lui, le comportement non verbal comporte trois dimensions : l'immédiateté, le pouvoir et la réactivité.

- Immédiateté

L'instantanéité se réfère à l'idée que les gens sont attirés par les choses qu'ils aiment, alors qu'ils ont tendance à éloigner les choses qu'ils n'aiment pas. Cela se traduit par des mouvements physiques vers l'objet de son intérêt, comme se pencher en avant et ouvrir les mains ou les bras, ce qui traduit figurativement une proximité.

- Puissance

Le comportement de pouvoir consiste en de grands gestes corporels qui établissent l'autorité ou le pouvoir sur les autres.

- Réactivité

Le concept de réactivité met en relation l'intensité des émotions positives ou négatives d'une personne avec l'intensité des mouvements de son corps.

Selon le Dr Jo-Ellan Dimitrius, bien que le décodage du langage corporel et du comportement non verbal dépende de la situation et de la culture, il s'agit d'une compétence qui peut être apprise et affinée avec détermination et patience. L'universitaire propose aux étudiants de commencer par analyser les caractéristiques les plus importantes d'une personne, les modèles de comportement, les extrêmes et l'adéquation du comportement au contexte.

Il y a beaucoup d'interprétations différentes du sens des manifestations du langage corporel, mais un travail important a été fait pour produire un ensemble standard de clés de décodage. Afin d'améliorer votre capacité d'interprétation du comportement non verbal, il est essentiel de comprendre et de reconnaître ces codes fondamentaux.

Il s'agit notamment d'identifier les comportements d'ouverture/fermeture, qui indiquent l'acceptation ou le rejet du message, et les comportements d'aller/retour, qui indiquent une réponse active ou passive à votre communication. La liste suivante servira de point de départ :

- Signaux de réactivité

Une personne qui vous écoute activement sera assise mais penchée en avant, avec une posture ouverte vers vous, la tête légèrement inclinée, les bras et les mains suggérant la réceptivité à vos pensées et éventuellement un lent hochement de tête. Les interlocuteurs montrent un contact visuel direct, une rotation vers le haut de la bouche et un sourire authentique. Si quelqu'un est prêt à se mettre d'accord avec vous, il peut mettre de côté les papiers qui se trouvent devant lui, poser son stylo et poser ses mains sur la table, en écoutant.

- Signaux de réflexion

Le fait de se caresser le menton, de mordiller les branches de ses lunettes, de lever les yeux et de croiser sa cheville sur son genou peut indiquer que l'individu analyse votre idée. Inversement, les rides des lèvres et du front, le manque de contact avec les yeux et les secousses de la tête peuvent révéler de l'incertitude, de l'inconfort ou du désintérêt.

- Signaux d'évasion

Les indices qui signalent la volonté de l'interlocuteur d'abandonner la conversation sont des comportements tels que : regarder dans le vide, taper des pieds, gribouiller, mâcher un stylo, se ronger les ongles ou s'affaler dans une position de retrait. Il peut aussi s'agir de regarder la porte, de pointer son corps dans cette direction, de boutonner sa veste ou de se tortiller. Il est facile de reconnaître le rejet car la personne se détourne souvent de vous, croise les bras sur sa poitrine, serre les poings, fronce les sourcils et baisse la tête. Il/elle fera ensuite preuve de fermeté envers vous.

- Signaux de contraste

Le comportement d'impatience peut se manifester par un mouvement continu de la chaise, accompagné d'un tapotement continu des doigts et des pieds sur une surface, d'un hochement rapide de la tête, d'un regard fixe et de mains serrées en poing. De plus, la personne peut adopter une posture droite mais rigide, croiser les bras ou poser les mains sur les hanches, éviter le contact visuel direct et le froncement des sourcils. Le dernier indice sera un mouvement délibéré du corps pour s'éloigner de vous, pour vous éloigner de la conversation et de l'interaction.

- Signes du territoire

Les individus sont également assez possessifs de leur propre espace. Tout le monde a une zone intime invisible qui l'entoure et qu'il défend vigoureusement contre les autres. Observez la façon dont une personne utilise son espace personnel pendant une conversation : est-ce que la distance est intime ou sociale pour la conversation ? Ceci indique le niveau d'aisance de l'appelant. La territorialité s'étend aussi à l'espace physique qu'on considère comme le nôtre. Par exemple, au bureau, l'emplacement des bureaux, des chaises et de l'espace réservé aux invités influera sur les échanges.

LA COMMUNICATION NON VERBALE POUR DE BONNES RELATIONS

Selon les spécialistes de la communication interpersonnelle, 7 % de la signification attitudinale d'un message est transmise par des mots, tandis que 93 % est transmise par des indices non verbaux.

Nous nous sommes tous retrouvés, à un moment ou à un autre de notre vie, dans une situation où nous avons observé une personne devant expliquer pourquoi elle n'a pas tenu ses promesses en matière de calendrier de travail ou pourquoi elle n'a pas honoré son engagement de paiement.

Dans ce contexte, nous nous sommes dit : « *Ce que cet homme dit semble logique, mais mon esprit intérieur me dit que ce n'est pas vrai* », une impression qui s'est avérée fondée par la suite. Cet esprit intérieur est probablement en fait votre cerveau qui vous envoie un message inconscient : vos yeux ont observé le langage corporel du sujet en question et l'ont identifié comme un menteur.

Le menteur a peut-être inconsciemment adopté des comportements en quelques secondes, ce qui ne nous a pas échappé et nous a permis de détecter la vérité. Sans qu'il le sache, le menteur nous a révélé la vérité grâce à son langage corporel.

Selon Mary Ellen Guffey, le langage non verbal comprend la communication non écrite et non verbale, qu'elle soit intentionnelle ou non. Sans cette composante non verbale, la communication verbale serait incapable de transmettre toute sa signification. La langue du corps et la langue parlée vont ensemble. Cette communication silencieuse ne peut être manipulée à la légère, contrairement à la communication verbale.

Le corps, en effet, transmet son langage parce qu'il a été programmé pour le faire. Chacun d'entre nous a appris inconsciemment à interpréter le langage corporel des autres.

D'une part, le menteur peut mentir habilement avec des motifs convaincants, mais souvent il ne se rendra pas compte qu'il évitera le contact visuel direct avec son interlocuteur, mettra ses doigts sur ses lèvres ou parlera à voix basse. Nos yeux révéleront une incohérence entre les gestes et les paroles, générant ainsi des soupçons.

Les manifestations du langage du corps ont beaucoup de sens et chaque interprétation dépend de la situation et de la culture. Étant donné que ce terme n'est pas universel, le langage corporel est difficile à comprendre et porte souvent à confusion. Néanmoins, c'est essentiel et sans lui, le message sera ennuyeux et incompréhensible.

Dr Birdwhistle déclare que le langage corporel et la communication orale sont interdépendants. Eux seuls ne peuvent pas véhiculer la pleine signification de ce qu'une personne exprime.

Pour comprendre le potentiel de la compréhension du langage corporel, je vais vous raconter l'histoire de Don, un garçon dont la vie a été sauvée par l'interprétation de son langage corporel.

Julius Fast (Fast Julius, Body Language, Pocket Books a part of Simon & Schuster Inc, New York, 1970, pp.105-107) raconte l'histoire de Don, un adolescent dépressif de 17 ans, qui rendait périodiquement visite à un thérapeute, déclarant qu'il allait mettre fin à ses jours. Toutefois, malgré ses affirmations répétées, le garçon n'a jamais vraiment tenté de se suicider. Jusqu'à un certain soir.

Lorsque le jeune homme est arrivé dans le bureau du thérapeute, tard dans la soirée, il était mal habillé, son visage était pâle et il était assis sans bouger, les bras croisés et le regard terne. Ses mouvements étaient limités et il semblait silencieux et avachi. Don était le dernier patient de la soirée.

Le thérapeute a refusé de le voir parce qu'il est arrivé en retard, presque à la fin de la séance de counseling. Le psychologue l'a alors informé que la consultation était terminée pour ce jour et lui a conseillé de revenir le lendemain.

Dans un état d'épuisement et de désespoir extrême, le garçon a déclaré, d'un ton plat et sans vie, qu'il n'y aurait pas de lendemain pour lui, laissant entendre qu'il mettrait fin à ses jours cette nuit-là. Le thérapeute a répondu que c'était un air qu'il avait déjà entendu pendant six semaines, et que la menace n'avait jamais entraîné aucune action. Don a fui la clinique aussitôt que le psy a refusé de lui parler.

Cependant, le thérapeute a commencé à se sentir coupable de refuser de rencontrer Don, d'autant plus que le comportement de ce dernier ce soir-là était radicalement différent. Il semblait avoir l'intention d'exécuter l'action annoncée à l'avance, bien qu'il ait professé le même désir au cours des six dernières semaines. Même si c'était en pleine nuit, le thérapeute s'est précipité chez le patient, accablé par le doute et l'inquiétude.

Lorsque le thérapeute est arrivé au domicile de Don, le flacon de somnifères était vide et Don s'endormait déjà. Le thérapeute a immédiatement demandé aux parents de contacter le médecin de famille pour faire procéder à un lavage d'estomac, sauvant ainsi la vie du garçon.

Cet exemple montre comment, bien que les paroles de Don soient restées inchangées pendant six semaines, son langage corporel a changé, indiquant un message différent, à savoir l'intention réelle de réaliser la tentative de suicide.

LA COMMUNICATION NON VERBALE, SON IMPORTANCE ET SA COMPRÉHENSION

Il ne faut pas oublier que le langage non verbal est une composante essentielle et intégrale de la communication. Des recherches bien connues illustrent comment les yeux s'écarquillent lorsqu'une personne rencontre un être cher ou une belle scène. Cette découverte s'est révélée très valable.

Voici un exemple de la façon dont ces renseignements non verbaux peuvent servir à la recherche. Une équipe est chargée de déterminer l'efficacité d'un texte publicitaire nouvellement créé en le présentant à un échantillon cible. Comment peut-elle mesurer l'engouement pour ces publicités ? Bien sûr, en mesurant les niveaux d'agrandissement des yeux du public après avoir été exposé à l'équipement révisé.

À cette étape, il est possible de combiner l'information non verbale de cette mesure avec les protocoles verbaux obtenus durant les entrevues. Comme les réponses orales ne peuvent être considérées comme fiables à 100 %, les réponses non conformes aux résultats du sondage oculaire seront exclues. Dans cette situation, la dilatation des yeux fonctionnera donc comme un détecteur de mensonges.

Ainsi, la communication non verbale est extrêmement importante et cruciale. Une personne qui comprend les nuances du langage corporel est à l'abri de la tromperie verbale car elle est capable de distinguer le message correct du message incorrect en cas d'incohérence entre les deux.

La communication non verbale révèle les convictions et la sincérité du communicateur, en dévoilant ses émotions et ses sentiments inconscients.

Le langage corporel permet à l'auditeur d'évaluer l'authenticité du message et d'agir en conséquence. De même, un orateur qui est sensible à l'interprétation du langage corporel peut communiquer plus efficacement en utilisant des mouvements corporels appropriés.

Dans certaines situations, le langage corporel est préférable à la communication verbale. Par exemple, au cours d'une discussion, un auditeur peut lever la main pour attirer l'attention de l'orateur sur un certain point, ce qui est plus facile, plus immédiat et plus pratique que d'attirer l'attention de l'expéditeur en l'interrompant verbalement.

De même, si une personne âgée doit attirer l'attention d'un enfant naïf qui est sur le point de marcher sur une ligne électrique sous tension et non isolée, elle peut frapper des mains et faire un geste vers le fil pour attirer l'attention de l'enfant et se faire comprendre.

Ou encore, lorsqu'un médecin examine un patient pour des douleurs corporelles en appuyant sur son corps, il s'attend à ce que le patient indique l'emplacement et l'intensité de la douleur en marmonnant bruyamment.

Par conséquent, des rapports authentiques sont formés quand la communication est sincère et émotionnelle, c'est-à-dire quand nous avons une cohérence entre le langage verbal et ce que notre corps communique.

Le langage corporel et les mots doivent travailler ensemble pour réussir à livrer n'importe quel message. L'incapacité à maîtriser et à manipuler le langage du corps rend ce canal plus fiable que les mots.

« Si nous voulons comprendre les véritables intentions des autres et connaître leur âme, nous ne devons pas écouter ce qu'ils disent, mais observer ce qu'ils font ».

Francesco Alberoni

CHAPITRE II : **SYSTÈME PARA LINGUISTIQUE ET EXTRA-LINGUISTIQUE**

Plus nous nous exerçons à porter attention aux moindres détails de nos discussions avec les autres, plus nous réalisons le nombre de choses que nous négligeons habituellement. Un grand nombre de messages sont véhiculés par des signaux non verbaux, le ton de la voix et le choix des mots.

En particulier lorsque les autres personnes préfèrent ne pas s'exprimer directement ou ne sont pas conscientes de ce qu'elles communiquent, reconnaître ces messages peut nous aider à comprendre leur pensée, ce qui nous permet d'établir une bonne relation avec elles.

Bien souvent, nous ne comprenons pas le sens de ce qui nous est dit et, par conséquent, nous ne répondons pas en temps opportun. Chacun a été confronté à des controverses ou a entendu et compris les sentiments d'autrui, indirectement ou après coup. Malheureusement, il est rare que nous prenions le temps de nous attaquer à ces problèmes.

Dans des circonstances où l'on ne sait pas quoi dire, je crois que beaucoup d'individus essaient de trouver rapidement une réponse en utilisant des notions logiques, des blagues vides ou des provocations, ou en reculant pour éviter le conflit. Il serait alors très différent d'écouter son propre corps et de percevoir les messages qu'il véhicule.

En écoutant les sensations du corps et en les traduisant en mots, il serait possible d'identifier le problème et de chercher une réponse authentique. Dans le feu de la discussion, cependant, notre attention se porte vers l'extérieur, ce qui rend plus difficile l'identification de nos légères réactions psychosomatiques.

On dit souvent que la maîtrise de soi ne sert à rien et qu'il faut se relaxer et être spontané. Cependant, les réactions spontanées et automatiques, qui émergent de nous avant que nous les ayons réfléchies, sont souvent des mécanismes de survie appris et non des réactions vraies et honnêtes qui expriment véritablement ce que nous sommes et qui nous sommes.

Il faut apprendre à ne pas réagir automatiquement dans ces conditions. Pour être authentique avec soi-même, il est nécessaire de se donner le temps de découvrir la véritable réponse dans nos propres sentiments. Il s'agit de l'essence de la spontanéité.

D'une part, nous avons généralement peur de prendre notre temps et de ne pas répondre rapidement, comme si nous avions appris à anticiper que l'autre partie utiliserait ce temps pour nous « surpasser » et nous « surpasser » dans la communication.

Au contraire, non seulement l'autre personne n'en a pas besoin dans de nombreuses situations, mais en exprimant notre besoin de plus de temps, nous déclarons implicitement que nous nous préoccupons du résultat de notre communication et que nous voulons réfléchir soigneusement à ce qui a été dit et à ce que nous allons dire, que nous sommes conscients, présents et que nous réagissons avec des sentiments authentiques.

De plus, dans de nombreux cas où les autres parlent de manière hâtive et inappropriée, le temps que nous prenons pour réfléchir à notre réponse amène l'autre personne à réfléchir à son comportement.

Chaque communication avec l'autre personne, y compris ce que nous disons et la manière dont nous le disons, influence son attitude à notre égard et toutes les conversations futures, car elle déterminera le degré de confiance que notre interlocuteur a en nous et donc sa disposition à s'ouvrir davantage. Il est facile d'échapper aux « mondes spirituels », mais la vraie spiritualité commence par notre conversation quotidienne.

On dit souvent : « J'ai fait de mon mieux. Je ne sais plus quoi lui dire ! » Mais pensez-vous que ce soit vraiment le cas ?

Y a-t-il d'autres choses que nous aurions pu dire ou faire mais dont nous n'avons pas eu la volonté, la patience ou le courage ? Souvent, l'expression « tout ce que je pourrais faire » signifie plutôt « tout ce que je pourrais réaliser sans prendre de risques inutiles ou mettre mon ego en danger ».

Comme pour notre relation avec nous-mêmes, nous avons besoin de patience et de persévérance dans nos relations avec les autres. Il est encore plus difficile d'apprendre à transmettre nos opinions avec honnêteté et compassion. Toutefois, si nous comprenons cela, nos relations auront l'occasion de prospérer.

CARACTÉRISTIQUES ET RÈGLES DU SILENCE

Le dicton « Le silence est d'or » s'applique à la situation actuelle ; dans un monde de chaos et de confusion, caractérisé par des klaxons, des bruits forts et des sonneries de téléphone, le silence peut jouer un rôle crucial. Le silence est également une langue qui a besoin d'être interprétée et comprise.

En fait, il joue un rôle crucial dans n'importe quel discours, communiquant parfois plus que des paroles.

Il est difficile et déroutant de définir le silence : d'une part, il y a le silence complet et l'absence de sons ou de voix perceptibles. En revanche, le silence peut aussi comporter des émotions comme l'étonnement, l'horreur, la colère ou l'apathie.

Le geste couramment utilisé pour signifier le silence est de placer l'index devant les lèvres fermées. Un geste qui permet de demander le silence sans parler.

Il peut avoir plusieurs fonctions dans n'importe quelle conversation et son usage conscient révèle l'esprit et la compréhension. La gestion dans une conversation est une composante cruciale de l'intelligence émotionnelle.

Il a été constaté que le fait de ne pas émettre de sons pendant une conversation met l'autre personne sous pression pour qu'elle parle afin de combler le manque de communication. Sauf lorsque nous sommes avec un ami proche ou un conjoint, la plupart d'entre nous trouvent le silence inconfortable.

Pendant les entretiens, les professionnels des RH utilisent des silences prolongés dans l'espoir que les candidats se défoulent, c'est-à-dire qu'ils disent ce qu'ils ne voulaient pas dire. Il existe en fait une tendance inconsciente à faire avancer la discussion.

L'effet du silence sur la communication varie selon les cultures. Dans certains pays, le droit de garder le silence est une garantie légale accordée aux personnes confrontées à un interrogatoire de police ou à un procès.

Bien que le silence soit un élément fondamental de la communication au Japon, il est perçu par les Américains comme un obstacle embarrassant à la discussion. Les silences prolongés, en effet, peuvent être considérés comme impolis, comme si refuser de répondre à l'interlocuteur signifiait l'ignorer, utiliser le silence comme une arme contre l'importun.

Les émotions influencent nos silences : lorsque nous souffrons de colère, de peur ou de honte, notre pensée peut être obstruée et nous pouvons temporairement ne rien trouver à dire ou être si terrifiés que nous sommes sans voix. Il y a des gens qui sont « dépassés » par ces émotions et qui sont incapables de répondre.

D'autre part, le respect peut également être indiqué par le silence. Un enfant qui s'approche d'un adulte ou d'une figure d'autorité est censé garder le silence jusqu'à ce qu'il soit identifié, reconnu et interrogé.

Comprendre quand c'est le bon moment pour garder le silence est une compétence qui s'acquiert par la pratique. Le silence, dans le discours, peut résulter d'une hésitation, d'une autocorrection ou d'un ralentissement délibéré du discours pour apporter de la clarté ou élaborer des concepts.

Les excellents communicateurs peuvent éviter d'être obligés de parler lorsque le silence est exploité pour manipuler les entretiens. Les personnes qui réussissent se distinguent par leur capacité à cultiver l'art de la belle immobilité.

Nous devrions apprendre à interpréter le silence des autres de manière appropriée ; comprendre comment les autres cultures l'utilisent, et ainsi réguler judicieusement l'usage que nous en faisons. Il est important d'être à l'aise avec le silence et de prendre conscience de ses nombreuses applications.

Très peu de gens l'apprécient. Cependant, il est essentiel de comprendre sa valeur car elle nous permet de libérer notre esprit des informations inutiles.

En réalité, ce n'est pas la pratique de l'immobilité qui permet d'atteindre ce lieu sacré entre le silence et la parole, mais plutôt la pratique de la pleine conscience, qui permet d'expérimenter un silence stable et paisible. Aujourd'hui, cette immobilité est devenue la partie la plus importante de mon être et cela se voit lorsque je me retrouve avec des personnes qui trouvent et considèrent le silence comme inconfortable. Ils s'agitent souvent et remplissent le silence de bavardages et de ragots. Selon le dicton, la parole est bénéfique, mais le silence au moment opportun ajoute plus de beauté à la vie.

LE SILENCE ET LA COMMUNICATION NON VERBALE DANS LES RELATIONS

Le silence, communément appelé « déni », est le type d'abus verbal le plus dévastateur et le plus douloureux. On pourrait penser que les mots sont nécessaires pour définir un comportement abusif, mais le silence est l'arme la plus mortelle.

La personne vers laquelle le silence est dirigé peut avoir l'impression que la relation ne fonctionne pas, car l'agresseur refuse d'entrer en contact sur un plan intime, bien qu'il ait la possibilité de communiquer. Le silence permet à l'agresseur de dominer et d'avoir du pouvoir, en gardant intacte son image idéale.

L'intimité requiert de l'empathie. Écouter, être entendu et comprendre les pensées et les expériences de l'autre est la compréhension empathique. L'intimité dans une relation ne peut être atteinte si l'un des partenaires est incapable de se partager et ne veut pas soutenir l'autre avec empathie. L'objectif de comprendre et/ou de communiquer les sentiments est la base sur laquelle les deux parties doivent s'appuyer ; une personne seule ne peut pas générer d'intimité dans une relation.

Le silence est plus éloquent que les mots et génère autant de dégâts émotionnels que les mots durs. Ne pas communiquer, c'est décider de garder pour soi tous ses sentiments, ses pensées, ses espoirs et ses rêves, de garder ses distances avec l'autre, d'en révéler le moins possible et de maintenir une attitude de froide indifférence, de contrôle et de pouvoir.

Les conséquences de la violence verbale peuvent varier en intensité, en profondeur et en ampleur. Cependant, toute violence verbale a un impact sur la perception de soi, le bien-être émotionnel et la vigueur spirituelle du destinataire.

La violence verbale enlève la joie et la vitalité en déformant la réalité, car la réponse de l'agresseur n'a souvent aucun rapport avec le discours de l'expéditeur.

Les principales répercussions de la violence verbale sont, entre autres, les suivantes :

- Méfier de sa propre spontanéité ;
- Douter de ses perceptions ;
- Réticence à tirer des conclusions ;
- Être constamment en état d'alerte ;
- L'incertitude quant à l'impact que l'on a sur les autres ;
- Croire : « Il y a quelque chose qui ne va pas chez moi » ;
- Réfléchir aux situations pour déterminer ce qui a mal tourné ;
- Perdre la confiance en soi ;
- Expérience de confusion en pensant à soi-même ;
- Se sentir frustré/en colère ;

- Être particulièrement critique envers soi-même ;
- Perdre le bonheur, mais sans pouvoir déterminer pourquoi ;
- L'anxiété ou la peur de « devenir fou » ;
- La peur d'être « fautif » ;
- Sentiment d'humiliation, de honte et de culpabilité face à sa situation ;
- Réaliser que le temps passe sans que les choses s'améliorent ;
- Avoir la conviction que « *les choses iraient mieux si je pouvais changer tout ce qui me concerne* » ;
- Ressentir un besoin intense de fuir, y compris des pensées suicidaires ;
- Être convaincu que les choses vont forcément mal tourner : « *Que je sois damné si je le fais, que je sois damné si je ne le fais pas* » ;
- Se concentrer sur l'avenir et jamais sur le présent : « *Tout ira bien si/quand/après...* »
- Se méfier des relations en général, en particulier avec le sexe de l'agresseur.

Les agresseurs nient généralement complètement leur comportement nuisible. Par conséquent, la plus grande tragédie dans une relation de violence verbale est que l'agresseur rejette les tentatives de réconciliation, de compréhension mutuelle et de rapprochement de la victime, les percevant comme hostiles et non motivées.

Ce rejet dépend de sa fragilité et de son incapacité à prendre une position vulnérable pour créer un échange équitable. La dure réalité est qu'il est difficile de changer la situation si l'on est dans une relation de violence verbale.

Le mariage est une autre situation sociale dans laquelle l'échange communicatif joue un rôle clé. Sans une communication claire et précise, il ne sera pas facile de comprendre les souhaits de l'autre.

Là encore, je me souviens du rôle clé joué par le langage corporel et les moments de silence. Lors d'une interaction ou d'une conversation avec une autre personne, l'inconscient prête attention au ton de la voix et au langage corporel dans 80 % des cas, tandis que seuls 20 % des cas prêtent attention aux mots. Pour interpréter correctement le langage corporel et la communication non verbale, il est nécessaire de posséder une intelligence sociale.

Les couples mariés et heureux peuvent lire dans les pensées de l'autre simplement en se regardant. Les mots ne sont pas nécessaires pour communiquer. Nous considérons, en effet, que les mots servent de symboles pour décrire quelque chose que nous avons conçu dans notre esprit.

Accorder le temps nécessaire au silence dans un mariage est bénéfique. En général, plus un couple reste longtemps ensemble, moins il a de choses à se dire. Si vous avez passé dix ou vingt ans avec quelqu'un, vous n'avez probablement pas quelque chose de nouveau à dire chaque jour.

Respecter le silence de son partenaire est la clé d'un mariage réussi. Je ne fais pas référence à un silence dans lequel les individus s'ignorent. Je fais référence au type de silence dans lequel on peut s'asseoir confortablement et tranquillement avec son partenaire et apprécier la tranquillité.

Si vous ne pouvez pas vous asseoir en silence avec votre conjoint ou partenaire sans vous sentir mal à l'aise, cela signifie qu'il y a encore beaucoup de travail à faire dans votre relation. Vous n'avez pas appris à bien communiquer, notamment sur le plan non verbal.

Pratiquez cela de temps en temps et apprenez à vous fixer l'un l'autre. Cela vous semblera étrange au début, mais avec le temps, vous vous rendrez compte des véritables avantages de cette pratique.

« Le langage non verbal pourrait être défini comme une méthode de persuasion silencieuse ».

Richard J. Bowerman

CHAPITRE III : **CINE SICO SYSTEM**

Pour comprendre pleinement et précisément la communication non verbale, il est d'abord nécessaire de la classer. Les catégories du langage corporel sont les suivantes :

- Kinésiques, gestes et expressions faciales (y compris le sourire) ;
- Aptica ;
- Déictique, proxémique et langage spatial ;
- Paralinguisme et vocalisme ;
- Le langage des signes ;
- Signaux olfactifs ;
- Le chronométrage.

Ce chapitre tente d'aborder certains des types de langage non verbal énumérés ci-dessus.

Kinésique

Il s'agit de l'étude du langage corporel et de ses interprétations. Le langage corporel, souvent connu comme une réponse directe du système limbique du cerveau, est une activité inconsciente que la plupart des gens ne peuvent pas contrôler. Seuls les spectateurs remarquent le langage corporel des autres, mais ceux qui le pratiquent le font souvent inconsciemment.

Dans le passé, le langage corporel était une stratégie efficace pour survivre et faire la cour. C'est toujours vrai, car notre langage corporel reflète directement ce que nous ressentons et ce que les autres pensent de nous.

Les femmes qui souhaitent attirer l'attention des hommes utiliseront inconsciemment un langage corporel coquet pour inciter les hommes à les aborder. Ce comportement peut être adopté et/ou interprété comme un comportement insouciant visant à générer du désir ou comme des gestes bienveillants dénués de tension sexuelle.

Le fait de croiser les jambes, de tripoter les cheveux en les plaçant derrière les oreilles pour exposer le cou et les épaules, et de desserrer les vêtements pour montrer plus de peau peut indiquer une tentative de flirt.

Le langage corporel sexuel peut inciter à prendre l'initiative. Une femme sexuellement prête peut laisser l'homme faire le premier pas. Il s'agit d'un mécanisme de protection visant à empêcher la femme de paraître stupide au cas où l'homme refuserait sa demande.

Se lécher les lèvres, appliquer du rouge à lèvres et manger lentement peut exciter les hommes. Une invitation sexuelle plus forte, comme sucer un cornet de glace ou mordre dans une banane, l'excitera.

Quel comportement un homme attiré aura-t-il à la place ? Si un homme est attiré par une femme et la désire au lit, il sera taquiné et stimulé en caressant calmement un objet rond et humide, comme le haut d'un verre.

Le langage corporel est un mode de communication fiable depuis la nuit des temps. Avant l'invention des langues, tout le monde communiquait en utilisant le langage corporel pour indiquer ses désirs et ses pensées.

Malheureusement, à mesure que les êtres humains ont mûri, leur capacité à interpréter le langage corporel s'est détériorée parce que l'accent a été mis sur la communication verbale.

Cependant, certaines personnes sont très douées pour lire et manipuler le langage corporel. Les mères et les enfants commencent également leur première communication par le langage corporel. En particulier, les nourrissons sont capables d'observer et d'interpréter la tension, la joie et la colère sur le visage et le langage corporel des gens. C'est ainsi qu'ils identifient qui les aime et qui ne les aime pas.

Le langage corporel est difficile à dissimuler et constitue probablement l'indicateur le plus authentique et le plus précis de nos émotions. Toutefois, certaines femmes, les plus malicieuses, sont capables d'imiter un faux langage corporel pour exploiter leur attrait sexuel et exploiter indirectement les hommes.

La kinésique est donc l'étude des mouvements du corps qui sont influencés par des modifications musculaires et squelettiques et qui expriment quelque chose consciemment ou involontairement. C'est une science qui étudie tous les mouvements du corps, les réflexes, la posture, les expressions faciales et les gestes.

Ekman et Friesen ont séparé la kinésique en cinq sous-catégories :

- Les emblèmes sont des indicateurs non verbaux qui ont des interprétations verbales directes, comme le pouce levé qui indique que l'on est d'accord, l'index et le majeur de la main droite qui forment un V indiquant la victoire, etc. ;
- Les gestes illustratifs sont des gestes qui sont exécutés simultanément avec des mots parlés pour clarifier le concept. Un exemple : un étranger pointe un doigt dans une direction particulière lorsqu'on lui demande son chemin vers un endroit précis ;
- Certains gestes révèlent des sentiments intérieurs, tels qu'un poing serré suggérant la colère ou la défense, une posture

voûtée montrant la soumission et une tête inclinée indiquant le désespoir ;
- Les gestes de régulation sont les manifestations qui régulent le flux de la communication. Par exemple, si le dernier mot est prononcé à voix haute et avec emphase, il est temps pour l'autre personne de parler. De même, les signaux appropriés conseillent à l'interlocuteur de parler plus lentement, plus rapidement, de s'arrêter, de parler plus fort, etc. ;
- Les adaptateurs sont des mouvements du corps utilisés pour répondre à une circonstance donnée. Un enfant qui s'ennuie, par exemple, remue ses orteils pour contrer l'effet de l'ennui, qu'il n'a d'autre choix que d'endurer pendant un certain temps.

Para-linguisme et vocalisme

La para-langue, également appelée vocalisme, désigne les changements de sens résultant de l'accentuation de mots distincts, du ton, de l'intonation, du rythme, du volume, des interruptions de phrase et de la vitesse d'énonciation.

Par exemple, la déclaration suivante doit être lue en déplaçant l'accent d'un mot à l'autre.

1. <u>Je</u> suis un MBA à Hyderabad : l'accent mis sur « je » dans la première phrase peut signifier que je me distingue des autres et que je suis le seul étudiant en MBA à Hyderabad ;
2. Je <u>suis en train de</u> suivre un MBA à Hyderabad : l'accent mis sur le mot « je suis » vise à nier un état d'activité ;
3. Je <u>participe à</u> un MBA à Hyderabad : l'accent mis sur le verbe participer indique que je me concentre sur la participation au MBA, excluant ainsi toute autre activité possible ;
4. 4. Je fais un <u>MBA</u> à Hyderabad : l'accent mis sur le MBA vise à souligner l'excellence du programme ;
5. Je suis un MBA à <u>Hyderabad</u> : l'accent mis sur le dernier mot indique le caractère distinctif du programme, qui se distingue de tous les autres.

Le para-langage se compose de nombreux éléments, dont l'intonation, le ton, l'inflexion, le volume, le rythme et l'articulation.

- La hauteur est communément appelée la fréquence de la note émise par un chanteur. Les cordes vocales sont petites et contractées dans les graves, tandis qu'elles sont longues et détendues dans les aigus ;
- Le ton représente l'attitude de l'orateur. Elle peut être directe, énergique, dure, méprisante, aimable, rassurante, abrasive, rauque, etc. En général, une personne utilise un ton élevé lorsqu'elle est tendue et un ton bas lorsqu'elle est calme. Quand

quelqu'un est sur les nerfs et incroyablement excité, il adopte le ton le plus élevé. Quand il est sérieux, il utilise le ton le plus bas ;
- L'inflexion est la variation des voyelles utilisée pour accentuer ou allonger des mots ou des phrases cruciales ou pour faire une pause avant un mot ;
- Le volume de la voix est son intensité ou sa douceur. Le volume varie en fonction des circonstances. Par exemple, un subordonné doit parler doucement devant un superviseur, mais fort lors d'une réunion d'évaluation du personnel ;
- La vitesse est également une composante du paralangage. Une prononciation rapide indique le zèle ou la hâte, tandis qu'une prononciation lente indique le calme ou la délibération. De même, les pauses et les bégaiements sont des éléments du paralangage qui influencent la communication.

Langue des signes

Le langage gestuel comprend les panneaux installés dans les aéroports, les gares ferroviaires, les arrêts de bus, les panneaux routiers installés sur les routes nationales indiquant les diverses installations destinées aux passagers, les directions d'enregistrement et de sortie, les avertissements à respecter dans des zones spécifiques, les stations sur le chemin, les courbes, les ponts et la vitesse à respecter dans des endroits spécifiques, etc.

Le langage des signes comprend également des signes réalisés avec les doigts et les mains, tels que le pouce levé, le pouce baissé, la réalisation d'un « V » avec le majeur et l'index et le signe de la main pour saluer un ami à la gare ou à la station de bus.

Chronométrage

Le chronométrage est l'étude du temps. Si vous arrivez à l'heure à un rendez-vous, vous montrez que vous êtes sérieux ou discipliné. Toutefois, cela pourrait également impliquer que vous n'avez pas d'autres engagements ou que vous êtes un cran en dessous de la personne que vous êtes censé rencontrer.

Même pour l'étude du temps, on retrouve une influence culturelle. En Inde, les hommes politiques ne respectent pas les calendriers d'événements qu'ils ont fixés, ce qui indique qu'ils sont préoccupés par de nombreuses questions et qu'ils mettent en avant leur position de pouvoir. Aux États-Unis ou en Europe, manquer un rendez-vous, surtout dans le domaine des affaires, est pris tellement au sérieux que l'on peut oublier de travailler à nouveau avec le même interlocuteur.

Le respect des rendez-vous et des horaires communique le statut et la sincérité. Le fait de manquer constamment des rendez-vous et des échéances indique un manque de discipline, une désorganisation et un désintérêt pour la matière. Le fait est que le temps gardé ou non gardé a une signification précise, même s'il n'est pas communiqué verbalement.

« Nous sommes tous évalués et classés par ces quatre types d'interaction : ce que nous faisons, notre apparence, ce que nous disons et comment nous le disons ».

Dale Carnegie

CHAPITRE IV : **MIMIQUES DU VISAGE, EXPRESSIONS, SIGNES DU SOURIRE**

Lorsque des personnes se rencontrent pour la première fois dans un contexte professionnel, nous pouvons identifier des comportements typiques. Voici quelques exemples :

- S'asseoir sur le bord avant du siège : un signe de tension ou d'anxiété ;
- Continuer à alterner les positions : indique un état anxieux et agité ou impatient ;
- Se tenir les mains ensemble : fait toujours référence à un sentiment d'anxiété ;
- Des mains ouvertes et détendues, en revanche, indiquent un contrôle total de la situation ;
- Un excès d'énergie physique ;
- Serrer la prise sur les accoudoirs de la chaise, cela indique une tension et le besoin d'un soutien.

Voici toutefois quelques éléments qui sont apparus au cours de la recherche. Ils peuvent constituer un bon point de départ pour manipuler son propre langage corporel ou pour interpréter celui des autres :

- Comme indiqué précédemment, selon le principe d'immédiateté de Mehrabian, une position ouverte du corps et des bras, une inclinaison détendue vers l'avant et un contact physique améliorent l'agrément perçu. Les personnes qui cherchent à influencer les autres utilisent souvent ces gestes ;
- Les personnes caractérisées par une position d'autorité ont une posture corporelle plus détendue ;
- O'Connor a constaté que les leaders perçus dans les petits groupes gesticulent davantage ;
- Les leaders font plus de mouvements des bras et des épaules. Pour paraître agréables dans un contexte de groupe, les adeptes imitent ces mouvements ;
- Selon les recherches menées par Ekman et Friesen, les pieds et les jambes expriment souvent des émotions authentiques. Le contrôle des expressions faciales est une compétence développée par les menteurs ;
- Les conseillers imitent les mouvements du corps de leurs clients pour paraître amicaux et proches. L'objectif est d'encourager les clients à révéler leur personnalité, leurs objectifs et leurs désirs, ce qui est essentiel pour un conseil efficace ;
- Selon Albert Mehrabian, celui qui assume un rôle subordonné l'exprime en baissant la tête, tandis que celui qui assume un rôle dominant le démontre en levant la tête.

EXPRESSIONS FACIALES

Les yeux, la bouche et le visage sont les trois éléments constitutifs de l'expression faciale. Pour représenter différentes significations, émotions ou sentiments, les yeux regardent ou fixent, tandis que les lèvres créent un sourire ou tirent les coins de la bouche vers le bas ou vers le haut. Le visage modifie sa forme ou ses mouvements de diverses manières pour transmettre différents messages.

Nous avons plus de 80 muscles faciaux, qui créent plus de 7000 expressions. Demond W. Evany identifie les éléments suivants des expressions faciales :

- Il fronce les sourcils vers le haut et vers le bas ;
- Sourcils : arqués ou froncés ;
- Paupières : ouverture, fermeture et constriction ;
- Pupilles : dilatées ou rétrécies ;
- Regard : vers le haut, vers le bas, regard fixe, évitement du contact visuel ;
- Nez : narines dilatées ou rétrécies ;
- Muscles faciaux : tirés vers le haut ou vers le bas pour grincer ou serrer les dents ;
- Lèvres : souriantes, posées, tirées ;
- Bouche : grande ouverte, fermée ou partiellement ouverte ;

- Léchez les lèvres avec la langue ou déplacez-vous à l'intérieur des joues ;
- Menton et mâchoire : forcés vers l'avant et vers le bas ;
- Tête : rejetée en arrière, inclinée sur le côté, pendante vers le bas, avec le menton contracté et incliné vers le haut.

Il existe principalement six expressions faciales qui sont universelles et présentes dans toutes les civilisations.

- Les expressions du <u>bonheur</u> comprennent les yeux exorbités, les larges sourires et les joues relevées ;
- L'expression du <u>dégoût</u> consiste à froncer le nez, à baisser les yeux et les sourcils et à relever la lèvre supérieure ;
- Les yeux exorbités et la bouche ouverte indiquent la <u>peur</u>.
- La combinaison de sourcils baissés et de regard direct indique la <u>colère</u> ;
- Les expressions de la <u>surprise</u> comprennent un sourcil arqué, des yeux écarquillés et une bouche ouverte ;
- L'expression de la <u>tristesse</u> se caractérise par le relèvement des coins intérieurs des paupières et des sourcils, tandis que ceux de la bouche sont courbés vers le bas. Un tremblement peut être détecté dans les lèvres ;

Tout d'abord, nous aborderons le rôle des yeux dans la communication. La littérature regorge de termes qui décrivent, également au sens figuré, les émotions exprimées par le regard.

Quelques exemples : yeux fondants, yeux d'acier, yeux pénétrants, yeux brûlants, yeux piégeurs, etc.

Les yeux, dont la forme peut être modifiée de plusieurs façons par le mouvement du visage environnant, peuvent transmettre différentes émotions et messages.

Selon Julius Fast, il est offensant de regarder des êtres humains. Notre regard devrait être réservé exclusivement aux objets inanimés. Parmi les personnes identifiées comme « non-personnes » figurent les exposants des musées, les animaux des zoos, les domestiques, les enfants, les artistes lorsqu'ils sont sur scène, etc.

Vous trouverez ci-dessous quelques résultats intéressants concernant les yeux et le regard :

- Lorsque nous nous intéressons à quelque chose, nos clignements d'yeux ralentissent et nos pupilles s'élargissent ;
- Selon Argyle et Dean, le contact visuel crée une interaction et une obligation ;
- Ceux qui ont plus de possibilités de contact visuel à table sont plus susceptibles d'être des leaders ;
- Lorsque les gens sont assis en cercle, ils sont plus enclins à converser avec les personnes assises en face d'eux qu'avec celles assises sur le côté, en raison de la plus grande possibilité de contact visuel.

Différents types de regards peuvent véhiculer différentes significations : amour, haine, mépris, respect, confiance, malhonnêteté et concentration.

Le sourire est une forme de communication courante et intuitive. Il est porteur de joie, d'encouragement au contact, de bonne volonté et peut également être utilisé comme signe de salutation. Il existe des programmes uniques conçus pour inculquer un comportement souriant au personnel qui interagit directement avec le public et les clients.

Cette formation est particulièrement ressentie dans les organisations bureaucratiques, telles que les entreprises du secteur public, qui doivent faire face à une concurrence croissante de la part des entreprises mondiales qui excellent dans les interactions avec les clients.

Bien que la perception commune d'un sourire soit favorable, le sourire peut prendre des formes négatives et des sous-entendus désagréables. Le professeur Asha Kaul a décrit trois types de sourires (Kaul, Asha, Business Communication, Tenth Print, Prentice Hall of India, New Delhi, 2004, pp.86-88) : sincère, malheureux, faux.

- Un <u>sourire sincère</u> est authentique et constitue une démonstration de gratitude, à laquelle les yeux participent également. Même si la bouche est fermée, les lèvres et les coins de la bouche se relèvent. Un autre type de sourire authentique, à l'occasion d'une rencontre ou d'une salutation agréable, est l'exposition simultanée des dents supérieures et du contact visuel. Le troisième type de sourire authentique est accompagné de rires et peut provenir, par exemple, d'une blague. Ce sourire, en particulier, s'élargit progressivement jusqu'à ce qu'il explose en un fou rire ;

- Le <u>sourire malheureux</u>, quant à lui, se caractérise par le mouvement de la moitié seulement de la bouche et traduit le mécontentement et la déception. C'est le résultat de la dissimulation forcée de nombreuses émotions ;
- Enfin, le <u>faux sourire</u> est sardonique, limité aux lèvres et caractérisé par une petite élévation de la bouche.

L'INTERPRÉTATION DRAMATIQUE DES DIRECTIVES RELATIVES AUX EXPRESSIONS FACIALES

Dans toute situation, les expressions faciales sont cruciales. La plupart des connexions et des échanges émotionnels se font par le visage, et reposent donc davantage sur les expressions faciales que sur les mots.

Nous exprimons les émotions et les communiquons aux autres à travers nos yeux et les contractions de nos muscles faciaux. Notre visage peut soit révéler notre essence, soit agir comme un masque.

Sachant cela, des précautions spécifiques doivent être prises lors de la « création » d'expressions faciales pour une interprétation dramatique :

- Ne soyez pas en bois. Vous pouvez vous transformer en plusieurs personnages, chacun ayant des émotions différentes ; mais ne laissez jamais votre visage s'affaisser. Si votre personnage est déprimé, vous devez transmettre cette émotion. Tous les personnages doivent exprimer leurs émotions, quelle que soit la brièveté de leur rôle ou de leur réplique ;
- N'insistez pas trop. De même qu'il ne faut jamais être sans émotion, avoir une expression trop exagérée serait de l'humour et du manque de sincérité. Vous ne jouez pas dans un théâtre de 300 places où le balcon doit pouvoir observer les expressions du visage. Soyez déprimé, mais il n'est pas nécessaire de pleurer avec chaque fibre et chaque canal lacrymal, en créant un mélodrame ;
- Ne laissez pas les larmes interférer avec vos performances. Les émotions ont le pouvoir de devenir incompréhensibles ; lorsque nous sommes pris dans des sanglots, par exemple, nous pouvons à peine parler. Bien que ce soit la façon dont nous nous comportons réellement lorsque nous sanglotons, cela ne signifie

pas que c'est la façon dont vous devez vous comporter. Les gens doivent être capables de comprendre ce que vous dites. Il y a rarement une raison légitime de se comporter de manière aussi angoissée : personne ne s'intéresse à la manière dont vous parvenez à bousiller votre visage. De plus, si vous finissez par pleurer, vous aurez des larmes sur les joues, ce qui peut être problématique pour deux raisons principales : premièrement, si vous avez maintenant un personnage qui pleure et qui est hystérique et que vous devez ensuite jouer quelqu'un qui est heureux et joyeux, il sera difficile de cacher les larmes, ce qui serait un élément distrayant pour la performance. Deuxièmement, que se passerait-il si l'on n'avait pas le temps de sécher ces larmes ? Si la peau et les cils sont humides, votre mascara coulera.

Un autre conseil : si vous avez un personnage avec un signe distinctif unique, n'utilisez pas le même signe distinctif pour un autre personnage. L'interprétation dramatique est également une épreuve d'interprétation et la caractérisation est une partie substantielle de votre note ; par conséquent, rendre universel un trait distinctif vous amènera à diminuer votre caractérisation, à moins que votre imitation ne soit intentionnelle.

Dans le cadre d'une interprétation dramatique, les expressions faciales peuvent effectivement relier le public aux personnages et à l'intrigue. Les gens sont généralement compatissants et s'intéresseront à un personnage en qui ils ont confiance.

Le secret est de comprendre l'équilibre qui existe entre la caricature et la non-expression. Soyez sincère et renoncez à feindre un regard ; les traits de votre visage séduiront n'importe quel public.

CRÉER DES EXPRESSIONS FACIALES CRÉDIBLES

Pour un acteur, exploiter la variété et la puissance du visage est une tâche difficile. Cependant, il existe des méthodes pour inciter le cerveau à produire des émotions faciales crédibles.

John Sudol, professeur de théâtre à Los Angeles, déclare : « La plupart des gens sont capables de déchiffrer le langage facial. Nous pouvons reconnaître les petits signaux faciaux qui indiquent l'anxiété, la tristesse ou l'irritation d'un ami, mais l'interprétation est ce qui distingue un acteur travaillant devant une caméra ».

John a construit un système progressif, qu'il appelle le *langage du visage*, basé sur l'étude des émotions du psychologue Paul Ekman et son système de codage des actions faciales (FACS). Il apprend aux acteurs à être pleinement conscients de leurs expressions faciales et à les mettre en harmonie avec leur état émotionnel intérieur.

En étant conscient des alternatives, l'acteur peut prendre des décisions intelligentes qui aboutissent à des personnages ayant de la profondeur, un but et de la crédibilité.

Nous pourrions considérer le visage comme le théâtre du cerveau, car c'est à ce stade que nos pensées et sentiments intérieurs sont révélés au public ou cachés, selon l'occasion et notre décision.

Le sujet des expressions faciales présente de nombreuses difficultés pour l'interprète. La question la plus importante est la suivante : à qui appartient le comportement que nous observons ? Est-ce les sentiments de l'interprète ? Ou est-ce l'acteur qui exprime la volonté, les objectifs et les émotions du personnage ?

Les yeux sont l'élément le plus visible du visage. Si l'on ajoute le nez, la bouche et le menton, le visage est plus révélateur que tout autre élément du corps. Le visage est notre identité et la façon dont nous identifions les autres. En fait, chaque modèle de caractéristiques faciales est unique.

Cependant, malgré ces particularités, les réactions émotionnelles sont universelles, d'une manière fondamentale et non verbale que nous partageons tous. Les modifications des paupières, du front, des sourcils, du nez, des lèvres, du menton et de la peau révèlent des informations importantes sur notre caractère, notre attitude, notre personnalité, nos intentions et nos émotions.

Certains sentiments émotionnels, dont le bonheur, la colère, le dégoût, la peur, la tristesse et la surprise, ont un langage universel, commun à toutes les cultures. Cela signifie que certaines expressions faciales des émotions ne sont pas acquises, mais plutôt innées.

Le visage est une image captivante en raison de son incroyable éventail et de sa capacité d'expression. Pour l'acteur, en particulier au cinéma et à la télévision, le visage est le point central de la plupart des séquences dramatiques. La direction de la scène et ses actions sont déterminées par les yeux, les sourcils, le nez et les lèvres.

Paul Ekman, un psychologue, a examiné des acteurs capables de se souvenir et de transmettre des émotions, et entraînés à se transformer physiquement dans les rôles qu'ils incarnent. Lorsqu'on leur demandait de créer des expressions faciales spécifiques, ces acteurs déclaraient ressentir l'émotion correspondante.

En outre, certains indices corporels tels que le rythme cardiaque, la respiration et la température de la peau ont également changé. Il existe donc une relation claire entre la production d'une expression et le fait de ressentir une sensation et vice versa. L'émotion sert d'impulsion à l'expression. On peut en dire autant des intentions de l'acteur : les expressions faciales traduisent généralement les désirs du personnage.

Une autre étude, dirigée par le psychologue Robert B. Zajonc, suggère un lien entre les expressions faciales et les processus biologiques qui modifient le flux sanguin, la température et l'environnement chimique du cerveau.

Selon lui, la chimie de notre flux sanguin cérébral peut répondre à nos émotions, et le mouvement musculaire de nos expressions faciales soutient cette régulation. En fait, certaines veines sont temporairement resserrées ou dilatées en fonction de ce que nous ressentons et manifestons.

Les muscles utilisés pendant le rire, par exemple, augmentent le flux sanguin et l'apport d'oxygène au cerveau, ce qui génère un sentiment de vitalité. En revanche, de nombreux muscles se raidissent pendant la mélancolie, ce qui restreint la circulation sanguine, produit moins d'oxygène pour les tissus et réduit les activités importantes.

Les expressions faciales peuvent générer et entretenir des émotions, ainsi que les communiquer. Par conséquent, il est tout aussi concevable que certaines expressions favorisent une émotion, tout comme il est possible que les sentiments le fassent. En empêchant ou en refusant l'un, l'autre perd de son efficacité.

Les émotions et les intentions peuvent être communiquées de deux manières : avec une intention consciente ou spontanément.

Deux voies neuronales distinctes, qui partent du cerveau et envoient des instructions aux muscles faciaux, régissent ces deux fonctions. La voie nerveuse volontaire provient du cortex cérébral, tandis que la voie nerveuse spontanée provient du système limbique, une partie plus primitive du cerveau située sous le cortex.

La voie spontanée guide l'individu dès la naissance, c'est une réaction naturelle dans laquelle les conséquences de nos expressions ne sont pas évaluées, les désirs et les émotions conduisent absolument. Cependant, en vieillissant, nous apprenons à gouverner nos muscles faciaux et à exprimer ou réprimer nos émotions à volonté. Parmi les exemples d'expressions volontaires, citons les grimaces, les poings ou la répression d'une émotion ou d'une intention.

Pour incarner le personnage avec conviction et clarté, l'acteur doit consacrer une part importante de son énergie à ressentir, penser et bouger comme le personnage. Cette approche permettra d'obtenir des expressions faciales non seulement appropriées à l'histoire, mais aussi spontanées.

Cela est dû en partie à leur spontanéité ; ils sont en partie volontaires. C'est le facteur le plus important dans la création d'expressions faciales réalistes : elles doivent être fortement ancrées dans les mêmes désirs et émotions des êtres humains qui les génèrent.

Dans une conférence donnée devant une caméra, John Sudol explique à ses élèves les muscles, les déclencheurs, les sentiments et les impulsions associés aux six émotions universelles. « Si vous savez ce qu'ils sont et comment les déclencher, vous serez en mesure d'amplifier ou de réduire la réaction émotionnelle sans en diminuer l'intensité », affirme-t-il. C'est le potentiel du « langage du visage ». Il est difficile de s'entraîner à créer des expressions car nous ne pouvons pas voir les résultats immédiatement, c'est pourquoi je vous recommande de demander à un professeur de vous assister et de vous évaluer ou de vous filmer. Ce n'est qu'alors que vous pourrez clarifier les ambiguïtés et comprendre comment rendre votre performance plus crédible.

L'observation des émotions faciales des autres dans des contextes réels peut également conduire à un développement personnel. Concentrez-vous sur ce qui attire votre attention, c'est-à-dire sur la façon dont la séquence et la juxtaposition entrent en jeu.

Notez en particulier certaines caractéristiques telles que l'intention exprimée, la dynamique, la vitesse, la durée, la définition, la variation et l'intégrité.

Une autre méthode d'apprentissage consiste à regarder des films, des émissions de télévision et des vidéos qui mettent l'accent sur cet aspect particulier de la comédie. Regarder le scénario sans le son ou l'écouter encore et encore aidera à apprécier les stratégies décrites dans ce chapitre, notamment lors de l'évaluation des performances primées.

Reproduire ces performances peut également améliorer la concentration intérieure. Bien qu'il y ait une grande opposition à l'imitation des autres, j'ai trouvé que c'était une approche formidable pour améliorer les connaissances techniques et la discipline dans les métiers de la peinture, de la musique ou de la danse.

De nombreux acteurs n'aiment pas pratiquer le jeu d'acteur de manière aussi étudiée, car ils ont le sentiment que cela étouffe leurs qualités créatives intuitives et leurs aspects thérapeutiques, à savoir « être à l'aise », « suivre le courant » et « se sentir bien ». D'autres soutiennent que cela diminue la mystique et la fascination de cet art.

Pour de nombreux élèves-acteurs, il est plus facile d'emprunter la voie de la moindre résistance et d'improviser, dans l'espoir que les expressions appropriées se présenteront avantageusement et feront magiquement surface grâce au flux intérieur. C'est rarement le cas et la majorité continue à manquer de concentration et de direction.

En mettant en pratique les conseils fournis ici, un acteur peut cultiver un large éventail d'émotions faciales et affiner sa capacité à les employer et à les contrôler dans les circonstances les plus exigeantes du théâtre, du cinéma et de la télévision.

De même, il acquerra les connaissances, la confiance et la maîtrise de soi nécessaires pour générer des expressions distinctives et ciblées qui correspondent au personnage, aux circonstances de l'histoire et au genre et qui peuvent transmettre les bons sentiments au public.

COMMENT DÉTECTER LES ÉMOTIONS À TRAVERS LES EXPRESSIONS FACIALES DANS LE TEST DU DÉTECTEUR DE MENSONGES

La capacité de l'humanité à communiquer par l'expression du visage est l'un de ses plus grands talents. L'utilisation d'un motif facial qui exprime exactement ce que vous ressentez pourrait vous être très utile, car il facilitera la communication avec votre entourage.

La plupart des scientifiques et des psychologues s'accordent à dire que notre visage est le seul élément distinctif qui révèle nos véritables sentiments.

Il ne s'agit pas d'une compétence acquise ou d'un résultat du progrès social, mais de quelque chose que nous acquérons naturellement avec la maturité et la croissance. Malgré cela, certains individus croient qu'ils peuvent cacher leurs sentiments dans leurs interactions régulières avec les autres.

Comment alors déterminer les véritables sentiments et intentions des personnes qui nous entourent sur la base de leur expression faciale ?

Les experts s'accordent à dire que cet objectif peut être atteint en comprenant la véritable biochimie de nos visages et en détectant les caractéristiques faciales distinctives que chaque émotion entraîne. Tout est dans votre visage.

Comme vous le savez peut-être, le visage est composé de nombreux muscles et nerfs qui transmettent avec précision nos émotions à travers les expressions faciales.

Il est nécessaire de reconnaître les différents signes révélateurs de chaque émotion tels qu'ils apparaissent sur le visage des autres. De nombreux psychologues ont dressé la liste suivante des émotions et de leurs signatures faciales :

1. La tristesse

Elle se caractérise généralement par des paupières tombantes et des sourcils intérieurs relevés. En outre, la commissure des lèvres peut être abaissée et les lèvres peuvent être pincées.

2. Le bonheur

Le coin relevé de la bouche dans un sourire est une indication très claire de ce sentiment. En outre, les joues sont relevées lorsque les coins externes des sourcils sont abaissés.

3. La surprise

Lorsque les paupières supérieures et les sourcils sont relevés, cette émotion devient évidente. Dans la plupart des cas, les mâchoires sont également grandes ouvertes.

4. Le dégoût

L'enroulement de l'ensemble du nez peut représenter cette sensation ; une lèvre supérieure relevée et une lèvre inférieure saillante.

5. La colère

L'ensemble du visage se contracte, tandis que les sourcils se rapprochent et s'abaissent. En outre, les mâchoires sont avancées, les lèvres sont contractées et la lèvre supérieure est légèrement relevée.

6. Le mépris

La seule distinction entre la colère et le mépris est que le mépris n'affecte qu'un côté du visage. Cela se définit par l'élévation de la moitié de la lèvre supérieure dans un rictus.

7. La peur

Cette émotion s'accompagne généralement d'un écarquillement des yeux et d'une dilatation des pupilles. En outre, les lèvres sont étirées à l'horizontale et d'autres signes évidents de stress se manifestent dans tout le corps, tels que des tremblements ou des clignements d'yeux.

Identifier les émotions d'un individu

Heureusement, seuls les sociopathes les plus extrêmes parviennent à cacher leurs émotions et ils représentent moins de 1 % de la population mondiale.

Par conséquent, tout être humain en bonne santé est incapable de cacher ses émotions sans qu'une expression faciale ne les révèle. Il faut d'abord observer les yeux, qui révèlent une grande partie de l'état d'esprit caché.

Une personne peut être en colère mais le cacher avec des mots polis ; cependant, son visage révélera une toute autre histoire.

Un autre exemple est celui d'une personne déprimée qui tente de sourire en public, mais qui cache ses véritables émotions en détournant le regard. Pour déterminer les véritables émotions d'une personne, il faut également tenir compte de son comportement général. Outre les expressions faciales, les gestes que les gens font en silence en public révèlent ce qu'ils ressentent vraiment.

Ceux qui sont vraiment joyeux, par exemple, ont une attitude détendue, un sourire naturel et non forcé et tendent les mains. Pour les femmes, jouer avec leurs cheveux peut également être un signe de joie et de légèreté.
En revanche, ceux qui cachent leurs sentiments se reconnaissent à un sourire forcé (qui paraît dur), à des poings serrés, à des bras serrés contre le corps indiquant une posture protectrice et à des réponses courtes aux questions. En outre, certains tics et signaux vocaux s'aggravent lorsque les personnes sont stressées.

Afin de débusquer ceux qui tentent de cacher leur véritable état d'esprit, je recommande également d'observer les cas de surcompensation dans les expressions faciales. Les jeunes enfants ne peuvent s'empêcher de sourire lorsqu'ils pensent pouvoir s'en tirer avec un mensonge. D'autre part, les menteurs adultes peuvent se forcer à vous regarder dans les yeux pour vous rassurer sur leur «

sincérité », ou essayer d'éviter tout contact visuel. De plus, certains ricanent souvent lorsqu'ils parlent à des personnes qu'ils n'aiment pas, montrant ainsi leur mépris. Parce qu'ils essaient de contenir leur colère, les individus en colère ont souvent un regard intense et un vocabulaire que l'on peut décrire comme court et sans émotion.

Lorsque vous essayez de déterminer l'émotion d'une personne à partir de ses expressions faciales, il est conseillé de ne pas la fixer trop fort. La personne peut ne pas apprécier vos expressions faciales et fera tout son possible pour cacher les siennes.

Heureusement, selon la plupart des psychologues, plus la fausseté est grande ou plus l'émotion est forte, plus il est difficile de la cacher. Dans cette optique, vous pouvez facilement déterminer qui est sincère avec vous et qui joue la comédie en analysant les expressions faciales qui indiquent leurs véritables émotions.

LE CONTEXTE DANS LA COMMUNICATION NON VERBALE

La communication non verbale et le langage corporel peuvent être interprétés ou « entendus » de deux manières distinctes.

Premièrement, en évaluant ou en comparant objectivement ce que le corps fait différemment maintenant qu'avant ;

deuxièmement, par sa propre perception et son intuition en temps réel.

Pour prendre conscience et gérer le langage corporel des autres ainsi que le sien, il faut un mélange puissant et consciencieux de ces talents.

De nombreux spécialistes du langage corporel et coachs bien formés sont exceptionnellement doués pour détecter objectivement comment des gestes spécifiques du langage corporel traduisent nos pensées. Ils sont également capables de décrire comment ces expressions non verbales peuvent influencer les pensées et les décisions des autres.

Aujourd'hui, le nouveau domaine de la biométrie est en mesure de contrôler et d'analyser ces expressions de manière beaucoup plus rapide et précise qu'auparavant. Cela signifie-t-il que nous devrions cesser d'analyser le langage corporel et acheter de nouveaux logiciels, ou y a-t-il encore beaucoup à apprendre dans une dimension que les ordinateurs n'ont pas encore maîtrisée ?
Tous les messages non verbaux doivent être interprétés dans leur contexte, selon les meilleurs spécialistes du langage corporel. Par conséquent, les programmes les plus efficaces commencent à utiliser cette variable.

La mécanique et la posture des bras croisés, par exemple, peuvent transmettre bien plus qu'une simple attitude défensive ou sceptique. Vous êtes peut-être simplement une personne froide. Vous pouvez aussi être un leader puissant qui souhaite adoucir sa domination pour permettre à d'autres voix, plus hésitantes, de s'exprimer plus librement.

Outre la capacité à comprendre les facteurs contextuels, quelles autres compétences non techniques peuvent aider à interpréter le langage corporel ?

Certainement tous ces éléments qui peuvent stimuler nos capacités intuitives. Patrick Collard a défini à l'origine l'intuition comme la capacité à regarder « de l'intérieur », c'est-à-dire le problème, l'émotion et/ou les personnes concernées. C'est un territoire où les logiciels hésitent encore à s'aventurer.

De nombreuses études ont montré que chaque cellule du corps humain est capable de stocker et de transmettre des informations. Notre capacité à être intuitif repose en grande partie sur notre capacité à percevoir ce qui se passe en nous et chez les autres.

Vous pouvez donc observer et analyser le langage corporel des gens et leurs arguments de manière objective, en percevant/mesurant et analysant ce qui est exprimé. Vous pouvez vous entraîner à obtenir un sens/une sensation consciente de ce qui se passe à l'intérieur.

Comment l'acquisition des compétences essentielles pour améliorer l'intuition pourrait-elle améliorer votre carrière, en particulier si vous êtes un dirigeant, un responsable de compte de vente, un représentant du service clientèle ou un coach ?

Plus vous vous entraînerez à sentir, à prendre conscience et à faire confiance à votre corps et à son langage, plus vous serez en mesure d'utiliser votre intuition de manière appropriée pour percevoir ce qui se passe autour de vous au moment présent.

L'apprentissage et l'exercice des compétences non techniques nécessaires pour accroître la perception intuitive peuvent avoir un impact significatif sur notre santé et notre capacité à former et à cultiver des relations loyales, durables et fructueuses.

« En devenant des observateurs plus attentifs et en maîtrisant la communication non verbale, nous pourrons contrôler les messages que nous envoyons et éviter de donner lieu à des malentendus en envoyant des signaux ambigus ».

Henrik Fexeus

CHAPITRE V : **PROXEMIQUE ET SON IMPORTANCE**

La proxémique, la dialectique et le langage spatial sont les nombreuses terminologies utilisées pour décrire la manière dont un individu préserve l'espace qui l'entoure, que ce soit à son domicile, dans une situation sociale ou au bureau. En 1963, le chercheur E.T. Hall a inventé le terme proxémique pour désigner l'étude de la manière dont un individu utilise son espace personnel pour faciliter ou entraver la communication. En bref, la manière dont une personne entretient l'espace qui l'entoure est également porteuse d'informations.

Plus la distance entre deux individus est grande, moins leur relation est intime. Plus l'espace qui entoure une personne est grand, plus son rang social est élevé.

Chaque individu définit automatiquement sa propre région, également appelée espace personnel. Il ne veut pas que quiconque, à l'exception de ses très rares relations intimes, y entre. En se reculant ou en plaçant un élément architectural, comme une grande table ou des chaises, au milieu, il rejette quiconque tente de le violer.

L'intrusion sans discernement dans son territoire lui cause de la haine.

Les bureaux des vice-présidents sont spacieux et équipés d'une table, d'une chambre à coucher, d'un espace de conversation privé, d'un salon pour les visiteurs, etc. Le magistrat de district dispose d'une grande table et de deux rangées de chaises qui accueillent de nombreux invités et les tiennent à l'écart.

Ou encore, le rang d'un officier visiteur peut être déterminé par la façon dont il s'approche de l'officier assis. Les officiers de rang supérieur s'avancent et s'assoient près de l'officier, tandis que les officiers de rang inférieur maintiennent une certaine distance pour indiquer leur rang inférieur par rapport à l'officier assis.

Le Dr August F. Kinzel, de l'Institut psychiatrique de New York, a découvert que le comportement agressif de certains patients psychiatriques pouvait être attribué à la violation de l'espace personnel.

Les patients psychiatriques ont attaqué d'autres personnes sans autre raison que le fait que les victimes se sont naïvement approchées d'eux et qu'en violant leur zone d'intimité, elles leur ont fait ressentir un sentiment de danger imminent, ce qui a nécessité une réaction tout aussi agressive pour se protéger.

Ce type de comportement est également courant chez les animaux, qui possèdent leur territoire et résistent à tout prix à son invasion.

E.T. Hall a classé quatre types d'espace : intime, personnel, social et public.

- L'espace intime offre une distance de 15 cm à 45 cm de l'orateur. C'est un endroit réservé aux personnes qui s'embrassent et chuchotent ; dans ce lieu, les secrets sont révélés. Ici, l'intimité et l'affection se manifestent généralement entre proches parents ou connaissances. Un étranger n'est pas censé entrer dans cette zone et s'il le faisait, ce serait extrêmement choquant. À ce niveau, la vision est limitée et les principales sensations utilisées sont l'odorat et le toucher. Cette distance convient aux interactions sexuelles ou pour calmer une personne.

- L'espace personnel (46 cm à 120 cm) comprend la distance personnelle proche (46-60 cm) et la distance personnelle éloignée (60-120 cm). Lors de fêtes ou lorsque deux individus se rencontrent dans la rue, ils se trouvent dans un espace personnel éloigné, qui est intime mais pas aussi intime que la relation entre un mari et une femme, dont la distance est au contraire proche.

- La portée de l'espace social va de 1,20 m à 3,60 m. Il se compose d'un espace proche (1,20-2,10 m) et d'un espace lointain (2,10-3,60 m). Les interactions impersonnelles se déroulent à une distance sociale étroite, comme dans le cas d'une femme au foyer qui parle à un technicien ou à un client. En revanche, dans les situations de travail officielles, la distance la plus grande se situe entre un manager et un employé ou entre un réceptionniste et un invité. Un contact visuel permanent doit être maintenu dans cette zone, sinon une mauvaise communication peut se produire entre les participants.

- L'espace public va au-delà de 3,6 mètres, jusqu'au point où l'œil humain peut voir. Ici aussi, nous avons une séparation en parties proches (jusqu'à 7 mètres) et lointaines. L'espace public proche est l'espace entretenu par les enseignants pendant les cours ou l'espace entretenu par le patron lors des conférences du personnel ou des travailleurs. L'espace public lointain est l'espace maintenu entre les politiciens et le grand public ou la distance qui doit être maintenue avec les créatures sauvages qui, autrement, verraient l'envahisseur comme une menace et l'attaqueraient. Les distances qu'un individu maintient avec les autres et l'espace qu'il maintient autour de lui indiquent sa position et son statut perçu par les autres.

POURQUOI LA PROXÉMIE EST-ELLE IMPORTANTE DANS LES NÉGOCIATIONS ?

La proxémique fournit à l'autre personne de nombreuses informations non verbales sur le degré de confiance et d'intimité entre eux.

Étant donné l'importance de la coopération dans la négociation, vous devez être en mesure d'évaluer le niveau de confiance que l'autre partie a en vous en fonction de la distance à laquelle elle est prête à interagir avec vous.

Comprendre la dynamique de l'espace personnel vous évitera de violer par inadvertance l'espace personnel de votre homologue et de générer un conflit inutile ou des sentiments inconfortables qui pourraient entraver la négociation.

Quelle est notre zone de confort personnelle ?

Edward Hall a découvert en 1959 que les êtres humains sont extrêmement conscients de leur perception de l'espace et du territoire. Après avoir mené de nombreuses études et expériences, il a conclu que les Américains aux États-Unis avaient quatre distances distinctes (mentionnées ci-dessus), chacune ayant son propre rayon de confort.

Ces distances, qui ne s'appliquent qu'aux interactions dans lesquelles les participants sont conscients de la présence de l'autre, sont étonnamment universelles chez la plupart des Américains, mais varient considérablement selon la culture.

L'invasion de l'espace personnel est dangereuse

Lorsqu'une personne qui n'a pas encore gagné notre confiance pénètre dans notre espace personnel, nous nous sentons généralement mal à l'aise ou intimidés parce que l'intrus a envahi notre territoire. C'est comme si un inconnu entrait dans votre jardin sans votre consentement.

L'intrusion dans l'espace personnel d'une personne sans avoir préalablement établi un niveau de confiance peut provoquer des conflits et des réactions défensives. Lorsqu'une violation de l'espace se produit, l'autre personne se sent mal à l'aise et s'éloigne immédiatement pour rétablir un niveau approprié de territoire personnel.

Cette action indique que vous avez envahi la zone de confort de l'autre. Vous devez donc être très prudent. Parfois, les policiers ont pour instruction de violer l'espace personnel pendant un interrogatoire, précisément pour mettre le suspect mal à l'aise et le forcer à fournir des informations.

La distance sépare les forts des faibles.

L'utilisation de l'espace personnel peut en dire long sur le statut, la sécurité et l'autorité des personnes qui nous entourent. Examinez votre travail pour voir qui a le plus grand espace de travail, ce sera probablement le patron.

Ceux qui ont plus de pouvoir et d'autorité ont accès à plus d'espace personnel. Ils s'isolent souvent de leur entourage. Le patron peut avoir un bureau d'angle, séparé des autres employés du lieu de travail, qui peuvent avoir des bureaux très proches les uns des autres.

Les personnes sûres d'elles et jouissant d'un statut élevé sont à l'aise lorsqu'elles se dirigent directement vers le centre d'attention. En revanche, les personnes de statut inférieur ou manquant de confiance en elles ont tendance à se rassembler vers les sorties ou le fond de la salle.

Selon des études universitaires, les élèves assis à l'avant et au centre de la classe obtiennent les meilleures notes, tandis que ceux qui sont assis à l'arrière et dans les coins obtiennent les notes les plus basses.

Le but est de se rapprocher le plus possible de l'autre personne sans la mettre mal à l'aise. Cela permettra d'améliorer les relations entre les parties.

Il faut également prêter attention à tout objet inanimé qui se place entre vous et votre interlocuteur, car il indique un besoin de défense. Une table, un bureau, un coussin, une vitre, etc. placés entre vous et l'autre personne, ils sont l'équivalent inconscient d'une protection de notre corps contre les attaques et d'un réconfort émotionnel face à quelque chose que nous n'aimons pas.

UTILISER LA PROXÉMIE POUR ACCENTUER LES ÉMOTIONS

En combinaison avec d'autres activités, la proxémique peut être utilisée pour mettre en valeur un message. Par exemple, si une personne est furieuse contre vous et envahit votre espace privé, la menace perçue de sa colère est nettement plus grande que si elle était en colère contre vous à l'autre bout de la pièce.

Si un couple amoureux maintient un contact visuel à l'autre bout de la pièce, la signification de ce contact visuel est réduite par rapport à ce qu'elle serait s'ils étaient à quelques centimètres de distance.

Où dois-je m'asseoir ?

La coexistence favorise la collaboration. Si vous essayez de promouvoir la collaboration, la meilleure place pour vous est à côté de la personne avec laquelle vous aimeriez travailler (c'est-à-dire à sa droite ou à sa gauche). En nous asseyant à côté d'elle, nous l'encourageons à collaborer davantage, en lui indiquant que nous ne sommes pas en compétition avec elle.

Au contraire, les côtés opposés créent de la concurrence. S'asseoir directement en face de quelqu'un, par exemple un employeur assis en face d'un candidat potentiel avec une table entre les deux, favorise un état d'esprit compétitif.

S'asseoir à 90 degrés pour une conversation agréable.

Le meilleur endroit où s'asseoir pour un échange coopératif d'informations est une table d'angle. Une personne occupe un côté du coin, tandis que l'autre occupe le côté opposé.

Les avantages de ce poste :
- Il permet de pénétrer dans l'espace personnel de l'autre ;
- Il réduit la formalité du cadre, créant ainsi une proximité ;
- Le coin de la table offre une protection psychologique aux deux parties, en créant une barrière, qui peut être franchie si nécessaire.

L'inégalité entre les sexes.

Byrne et Fisher (1975) ont constaté qu'en général, les hommes américains choisissent de s'asseoir en face des personnes qu'ils considèrent comme des amis, tandis que les femmes américaines choisissent de s'asseoir à côté d'elles.

En outre, l'étude a apporté une confirmation supplémentaire : les hommes n'aiment pas que des inconnus s'assoient en face d'eux, tandis que les femmes n'aiment pas que des inconnus s'assoient à côté d'elles.

Les éléments clés en un coup d'œil :

- L'étude des propriétés communicatives de l'espace est connue sous le nom de proxémique ;
- Lorsque l'espace personnel d'une personne est envahi, elle peut se sentir menacée ;
- S'asseoir les uns à côté des autres encourage la coopération. S'asseoir en face favorise la concurrence. S'asseoir à un angle de 90 degrés encourage la communication;
- L'utilisation d'objets inanimés comme barrières indique la nervosité, la malhonnêteté ou une attitude défensive ;
- Rapprochez-vous le plus possible de votre interlocuteur sans le mettre mal à l'aise. Cela renforcera votre relation.

« La communication non verbale d'une personne est tout aussi importante, sinon plus, que sa communication verbale ».

Robert Dilts

CHAPITRE VI : **APTICA**

L'hapticité, parfois appelée « communication tactile », est précisément l'étude du toucher. Ce sens est porteur d'une signification spécifique : il communique la chaleur et l'affection.

Les enfants ont besoin du contact d'une main aimante plus que toute autre créature vivante, en particulier les jeunes chiots et les humains.

Leur développement physique et mental est déterminé par le toucher qu'ils reçoivent. Selon une étude, les patients qui ont été touchés pendant 15 minutes, trois fois par jour, ont pris du poids 47 % plus vite et ont pu quitter l'hôpital six jours plus tôt que les autres nourrissons.

Le toucher rend la communication complète et réussie, mais il peut aussi être utilisé pour convaincre les gens de soutenir un nouveau concept ou d'adopter une nouvelle pratique.

Sidney Jarad, un psychologue, a compté le nombre moyen de contacts avec une personne par heure sur le lieu de travail dans différents endroits et a constaté qu'il était de 180 à San Juan, Porto

Rico, 110 à Paris, France, 2 à Gainesville, Floride et 0 à Londres, Royaume-Uni.

Le nombre moyen de touchers varie d'une culture à l'autre. Le toucher est une technique permettant de transmettre chaleur et réconfort, mais dans certaines cultures, toucher des personnes du sexe opposé est considéré comme une insulte.

Les poignées de main.

L'un des gestes les plus courants et les plus partagés est la poignée de main.

Ces gestes révèlent la personnalité et l'attitude d'un individu. La poignée de main étant un élément récurrent dans les contextes de travail, il est essentiel d'acquérir et de pratiquer correctement ce geste. Examinons donc les différentes formes de la poignée de main et leur signification.

Asha Kaul a identifié cinq types de poignées de main. (Kaul, Asha, Business Communication, Tenth Print, Prentice Hall of India, New Delhi, pp.82-85, 2004) :
- Poignée de main égale : exercer la même pression l'un sur l'autre. Il représente un sentiment d'égalité avec l'autre

personne. Ici, les mains sont lâches et exercent une pression minimale ;
- Poignée de main faible : indique un sentiment d'inadéquation et de soumission ;
- Poignée de main forte : l'individu exerce une pression plus forte sur l'autre pour démontrer sa supériorité ;
- La poignée de main du politicien : un politicien utilise ses deux mains pour serrer la main d'un électeur. Il exprime une soumission extérieure qui découle de l'intégrité. Dans certains cas, la poignée de main à deux mains peut indiquer une certaine chaleur, qui doit être déterminée par d'autres signes, comme un sourire ;
- Poignée de main informelle : la main entière ne serre pas la main de l'autre ; seuls quelques doigts touchent les quelques doigts de l'autre.

À TOUCHER OU À NE PAS TOUCHER ?

Les personnes que nous touchons, la fréquence de nos contacts, l'intensité du contact et le type de contact communiquent différents messages. Étant donné que la plupart des messages sont exprimés par la communication non verbale, le toucher peut transmettre la manière dont nous nous représentons. Dans les présentations commerciales, par exemple, la poignée de main est le premier message tactile.

Mais comment se déroule la poignée de main ? Serrez-vous rapidement puis retirez-vous, donnez-vous une poignée de main complète ou vous attardez-vous plus longtemps que vous ne le devriez ?

Le premier exemple traduit l'anxiété ou la résistance, le second la meilleure façon d'exécuter le geste, tandis que le troisième peut être considéré comme un message dissimulant une intention sexuelle. Saisir et tordre la main, en revanche, est une tentative d'affirmer l'autorité.

Le point de contact est crucial : une tape dans le dos entre collègues témoigne de l'amabilité ; une tape sur la tête est arrogante.

La fréquence des contacts physiques peut indiquer la nature d'une relation. Un contact physique fréquent et/ou prolongé indique une intimité. Cependant, il peut également indiquer une hostilité s'il s'agit de piquer ou de pousser avec les doigts.

La personne qui établit le contact physique peut être d'une position sociale ou professionnelle supérieure : par exemple, le PDG peut poser sa main sur l'épaule d'un subordonné, mais ce dernier ne touchera jamais le PDG.

Les personnes « chaleureuses et affectueuses » peuvent être considérées comme amicales et accessibles ; toutefois, elles peuvent être perçues comme intrusives par ceux qui n'aiment pas être touchés.

LE POUVOIR SCANDALEUX DU TOUCHER

Quel beau mot « haptique ». Il s'agit d'un terme technique qui signifie « relié au toucher » et qui évoque facilement le mot anglais « happy ».

Même si les mots n'ont pas la même origine linguistique, l'association est appropriée car la plupart des formes de contact, comme les caresses, les grattages ou les tapotements, provoquent des sentiments de santé, de bien-être et de plaisir.

Le toucher est l'un des premiers sens à se développer chez l'embryon humain. Alors que les autres sens sont limités à des parties spécifiques du corps (nez, oreilles, yeux et bouche), l'organe sensoriel du toucher est la peau et touche l'ensemble du corps. Le toucher est donc le sens primaire et le plus complet.

Selon les recherches, le toucher est important pour notre bien-être à tout âge. Les mariages les plus heureux sont ceux dans lesquels le contact physique persiste, et les personnes âgées qui se sentent seules dans les maisons de retraite disent à quel point une étreinte ou une main tendue est vitale pour leur donner le sentiment d'être prises en charge et incluses - c'est ce qu'on appelle la « faim du toucher ».

Ironiquement, alors que la science souligne l'importance du toucher, les Occidentaux se touchent moins que jamais. Peut-être sommes-nous en train de devenir plus dépendants de la technologie (y compris l'haptique) que du toucher humain.

C'est peut-être le cas dans les cabinets médicaux, où les examens physiques semblent être remplacés par des techniques diagnostiques et pharmaceutiques de haute technologie.

Dans certaines écoles, les relations inappropriées établies entre les élèves et les enseignants ont même conduit à l'interdiction du contact physique entre les enseignants et les élèves, éliminant ainsi la possibilité d'une petite tape ou d'une main empathique sur l'épaule pour exprimer sa fierté ou ses encouragements.

À mesure que les contacts sociaux diminuent, les avantages des thérapies haptiques, notamment la massothérapie, sont de plus en plus documentés. Aujourd'hui, le massage est utilisé pour aider et compléter la guérison médicale et améliorer notre santé générale, notre immunité et notre sentiment de bien-être.

La douleur et le plaisir sont peut-être plus étroitement liés que nous le pensons. Récemment, les scientifiques ont identifié des

« nerfs du plaisir » dans l'épiderme, qui sont reliés au cerveau par les mêmes fibres C que les nerfs de la douleur.

Selon le professeur Francis McGlone de l'université de Liverpool, des tests effectués sur des volontaires humains ont montré qu'un stimulus douloureux appliqué sur la peau peut être soulagé en massant doucement les nerfs du plaisir dans un corps voisin, de la même manière qu'une mère caresserait un enfant blessé pour soulager la douleur.

Le massage est effectué en caressant et en pétrissant les tissus mous du corps. Cela réduit la tension des muscles tendus et douloureux, détend l'esprit et le corps et, par conséquent, les muscles se relâchent et permettent une plus grande liberté de mouvement.

Il s'agit d'une expérience agréable, stimulante, naturelle et sans drogue qui, lorsqu'elle est pratiquée régulièrement, procure un soulagement immédiat et à long terme de divers maux physiologiques et psychologiques.

En outre, un bon massage permet de réduire les symptômes de maladies graves, comme certaines formes de cancer. Cependant, il est nécessaire de consulter un médecin avant de commencer le traitement dans ces circonstances.

LES CARACTÉRISTIQUES DU CONTACT CORPOREL DANS LES RELATIONS AMOUREUSES

Quelle relation existe-t-il entre le langage corporel et l'amour ? Êtes-vous capable de déterminer les émotions d'une personne en vous basant sur son langage corporel ? Et êtes-vous capable de transmettre vos émotions par ce canal ?

La communication bidirectionnelle est un processus complexe qui fait appel à tous nos sens. Ne vous fiez pas uniquement aux mots pour montrer à un homme que vous êtes intéressée ou pour déterminer s'il s'intéresse à vous. Le lien et le pouvoir entre le langage corporel et l'amour sont étonnants. Réfléchissez à la manière dont vous pouvez mettre en œuvre cette connexion dans votre vie :

- Posture et position du corps

La façon dont votre corps se positionne autour de la personne que vous aimez est très révélatrice. Votre corps a tendance à graviter vers l'autre personne et votre volume corporel diminue.

Malgré l'énorme confort physique, le signe le plus évident de colère ou de douleur entre les amants est la séparation rapide de leurs corps.

Les personnes amoureuses ont tendance à se ressembler dans leurs mouvements, reproduisant instinctivement les positions du corps de l'autre, comme croiser les jambes de la même manière ou se caresser le visage au même moment. Chaque ligne de votre corps révèle la relation amoureuse que vous entretenez avec votre homme lorsque vous êtes ensemble.

- Contact physique

Le toucher entre deux amoureux peut être aussi léger qu'un doigt effleurant la joue ou aussi passionné que le baiser le plus fougueux.

L'importance du contact physique remonte aussi loin que les premiers liens affectifs établis. En fait, avant même que vos autres sens ne soient complètement formés, vous avez perçu et désiré le toucher de vos parents.

Malheureusement, les adultes oublient trop souvent de se toucher, sauf s'ils ont un objectif sexuel, et c'est vraiment dommage.

Selon des études récentes, en effet, plus vous embrassez votre amoureux, plus vous vous sentez proche de lui.

Il est également important de considérer qu'en s'embrassant, un échange d'anticorps a lieu, ce qui renforce le système immunitaire et permet au corps de se sentir mieux dans tous les sens.

- Contact avec les yeux

Si vous voulez savoir ce que ressent une personne, vous devez la regarder dans les yeux. Le regard et l'importance du contact visuel sont des indicateurs universels de l'état émotionnel d'une personne. Plus vous fixez les yeux d'une personne longtemps et intensément, plus le sentiment sous-jacent est fort. La relation entre le langage corporel et l'amour réside donc dans l'intense concentration de vos regards d'adoration avec l'homme que vous aimez.

- Expression faciale

Outre les yeux, le reste du visage transmet également le lien silencieux entre vous et le sujet. Le sourire, en particulier, montre la chaleur que l'on ressent en compagnie d'un être cher.

Un sourire joyeux est plus souple et plus détendu, sans rides de froncement ni lèvres tirées. Nous avons tous entendu : « Quand il est entré dans la pièce, son visage s'est illuminé ».

Si vous l'avez déjà vécu, vous savez que c'est vrai. Votre visage semble rayonner, peut-être grâce aux endorphines que votre corps produit lorsque vous êtes attiré par quelqu'un.

Maintenant que vous comprenez comment l'amour est communiqué par le langage corporel, prêtez davantage attention à ce que votre corps exprime. Le lien caché entre le langage corporel et l'affection offre de puissantes possibilités de communication authentique avec les personnes aimées.

LES ÉLÉMENTS NON VERBAUX ESSENTIELS À UNE RELATION SAINE ET AMOUREUSE

Les compétences en matière de communication ne consistent pas seulement à être capable de parler aux autres, mais aussi à apprendre ce que les gens disent lorsqu'ils restent silencieux. Il s'agit donc d'apprendre à comprendre le langage du corps.

Les couples qui parviennent à communiquer « correctement » approfondissent leur relation et leur affection mutuelle. Lorsque l'un des partenaires tente de modifier le comportement ou les pensées de l'autre à son avantage, des problèmes apparaissent.

VOUS NE POUVEZ PAS CHANGER LES AUTRES ! Vous ne pouvez changer que votre propre comportement !

C'est là que les choses deviennent intéressantes. En raison de votre transformation, ceux qui vous entourent changeront également.

Il est intéressant de noter comment un nouveau comportement et de nouvelles compétences en matière de communication peuvent influencer positivement ou négativement les autres.

Qu'est-ce que cela signifie ? Cela signifie que vous devez apprendre à communiquer et, une fois que vous avez appris, vous devez appliquer ces compétences dans les situations d'urgence et les discussions.

Comme nous l'avons déjà mentionné, le langage corporel est une composante essentielle de la communication avec votre partenaire. Pour maintenir une relation saine et réussie, il existe cinq domaines non verbaux cruciaux que vous devez comprendre et reconnaître chez votre conjoint et vous-même :

- Faites attention à votre langage corporel. Vous pouvez dire une chose mais communiquer un message complètement différent avec votre corps. Par exemple, même si vous n'êtes pas sur le sentier de la guerre, votre conjoint pourrait le penser si vous gardez les bras croisés ; en conséquence, il/elle réagira sans doute d'une manière que vous ne souhaitez pas ;

- Le contact visuel est crucial. Lorsque vous parlez, l'autre personne vous regarde-t-elle dans les yeux ou détourne-t-elle le regard ? Maintenez un contact visuel lorsque vous conversez avec votre conjoint, et je ne veux pas dire par là que vous devez le fixer ; vous ne voulez pas avoir l'air « bizarre ». Le contact visuel en dit long sur la sincérité de l'interlocuteur ;

- Les expressions faciales révèlent si une personne est joyeuse, triste, déprimée ou en colère. Vous pouvez le sentir chez les autres et réaliser qu'ils peuvent aussi le comprendre chez vous. Le poker face est aussi un moyen de communication : il faut déterminer la signification de ces messages. L'expression du visage et le langage corporel d'un individu silencieux peuvent transmettre beaucoup d'informations. Selon la façon dont vous les interprétez, vous devrez soit garder le silence et vous retirer, soit essayer de discuter de la question ;

- Les mouvements du corps et la posture d'une personne constituent également une forme de communication. Nous pouvons reconnaître l'hostilité d'une personne, mais nous devons étudier et prêter attention à des indicateurs plus subtils. Si nous interprétons mal tout ou partie des signaux de communication de notre partenaire, nous sommes plus susceptibles de tirer des conclusions erronées, ce qui peut conduire à des disputes violentes, entraînant la détérioration de la relation. Toutes les relations, en fait, ont besoin d'être entretenues pour éviter que les choses ne deviennent incontrôlables ;

- La dernière question que vous devez vous poser est : « Quelle est l'importance de votre relation pour vous ? ». Lorsqu'il s'agit de vivre une relation amoureuse, plus votre conjoint et vous avez de compétences en matière de gestion de crise, mieux c'est ; Quelle est la valeur de votre lien avec vous-même ? A quel point aimez-vous votre conjoint ?

Apprendre à communiquer et à comprendre les silences peut vous aider, vous et votre partenaire, à surmonter les moments difficiles et à vous rapprocher. Apprendre à renforcer une relation peut être la meilleure chose que vous puissiez faire pour vous-même et votre partenaire.

« Face à un être humain, vous faites une déclaration ou posez une question, il vous donnera toujours une réponse non verbale, qu'il soit capable de l'exprimer consciemment ou non ».

Richard Bandler et John Grinder

CHAPITRE VII : **SAINT GRAÏL - FONCTIONS ET APPLICATIONS DU LANGAGE CORPOREL**

Concepter, comprendre et réagir de manière appropriée au langage corporel des autres et adopter soi-même une posture positive vous permettra de communiquer plus efficacement avec les autres.

Il faut toutefois garder à l'esprit que le contexte, la culture, la condition physique et les compétences en matière de communication influencent l'utilisation des signaux corporels et leur efficacité. N'oubliez pas que tout le monde n'utilise pas les signaux non verbaux de la même manière que vous. Surestimer ces signaux peut entraîner une mauvaise communication et la détérioration d'une relation.

De nombreux aspects de la communication non verbale entrent en jeu lorsque l'on interagit avec des personnes dans diverses situations ; toutefois, l'œil humain est une source particulièrement puissante de messages. Les yeux ont été décrits comme le « miroir de l'âme », précisément parce que le contact visuel est extrêmement puissant pour exprimer nos véritables pensées et sentiments. Par exemple, de nombreux enquêteurs criminels sont formés à l'examen des mouvements oculaires pour déterminer si un suspect dit la vérité ou ment.

Dans la plupart des cultures occidentales, la durée moyenne du contact visuel est de 5 à 10 secondes, au-delà desquelles il est parfois acceptable de détourner le regard. Un regard prolongé peut provoquer une gêne, mais d'un autre côté, détourner le regard peut souvent communiquer de l'apathie ou de la malhonnêteté.

Si vous ne respectez pas la durée ou la fréquence du contact visuel, de nombreuses personnes peuvent vous percevoir comme impoli ou offensif.

De plus, ils peuvent interpréter vos actions comme une tentative de domination ou comme un flirt. D'autres, en revanche, peuvent se sentir mal à l'aise et avoir des réactions indésirables (par exemple, se mettre en colère ou s'éloigner pour éviter le contact).

Enfin, baisser le regard avant de répondre à une question, cligner excessivement des yeux et autres mouvements oculaires similaires peuvent également donner une mauvaise impression à notre interlocuteur.

Le contact visuel peut véhiculer toute une série de significations, notamment le désintérêt, la confiance, l'assurance ou la sincérité.

Par exemple, si vous observez un consommateur qui évite rapidement le contact visuel pendant qu'il fait ses courses, il est possible qu'il craigne le vol ou qu'il ne veuille tout simplement pas de votre attention et de votre aide.

Le contact visuel peut avoir plusieurs fonctions, comme l'indique D.G. Leathers dans Successful Nonverbal Communication : Principles and Applications.
- Communiquer les émotions ;
- Définir la relation et le statut ;
- Définissez les impressions.

La taille des pupilles est un autre élément de communication non verbale lié aux yeux. De nombreuses études ont examiné le lien entre l'intérêt d'une personne pour un élément ou un objet observé et la taille de ses pupilles. En général, le noir de l'œil se dilate lorsque la personne est intéressée par un objet, un produit ou un sujet montré ou discuté.

Avec de la pratique, cela peut conduire à une communication plus efficace ou, dans le contexte commercial, à une augmentation des ventes et de la satisfaction des clients. En effet, une personne avisée est capable de détecter la dilatation de la pupille lorsqu'elle se compare aux autres ou lorsqu'un client examine des articles.

Par exemple, dans une entreprise, si un consommateur n'exprime qu'un intérêt modeste pour un article après avoir contesté son prix et qu'il passe à un autre, le vendeur peut être en mesure de décrire d'autres caractéristiques et avantages de l'article initial pour influencer la décision du client.

Comme pour tout autre aspect de la communication non verbale, il est bon de savoir qu'il est possible de mal interpréter le message. Cela peut être évité en prêtant une attention particulière au ton de la voix et aux autres signaux.

IMPRESSION I

Nous connaissons tous le langage corporel, mais réalisons-nous le rôle énorme qu'il joue dans les interactions quotidiennes ? Dans quelle mesure est-il important pour vous de savoir quel effet vous avez sur une autre personne ?

Ces informations sont si précieuses qu'elles n'ont pas de prix. Le professeur Albert Mehrabian, pionnier de la recherche sur la communication interpersonnelle dans les années 1960, a inventé le terme « langage corporel ». Les recherches qu'il a menées à l'université de Californie, à Los Angeles, ont permis d'approfondir nos connaissances sur le langage corporel et la communication non verbale grâce à des découvertes astucieuses sur la façon dont les êtres humains interagissent.

Voici ses remarques :
- 7 % de toute communication sont constitués par les mots effectivement prononcés ;
- 38 % d'un message dépend de la façon dont les mots sont exprimés ;
- 55% de tout message dépend de l'expression du visage.

Cela indique que plus de la moitié de la signification d'un message est transmise et interprétée par l'apparence du locuteur :

triste, heureux, en colère, déçu, incertain, confiant, arrogant, calme, agité, ennuyé, amusé, etc.

Près de 40 % du message est transmis par le ton ou l'impression véhiculée par les mots prononcés, et donc par le langage corporel qu'une personne transmet en parlant. La personne semble-t-elle ennuyée, heureuse, froide ou surexcitée ? A-t-il l'air nonchalant, tendu, insouciant, surpris ou trop suffisant ? La liste de ce que nous pourrions comprendre en étudiant ce type de communication silencieuse pourrait être longue.

Ces chiffres sont fondamentaux pour toute interaction que l'on entreprend avec une personne, en particulier un étranger. En effet, nous portons tous rapidement des jugements sur les personnes que nous rencontrons, et ce dès le moment où nous les rencontrons.

LA FAÇON DONT LES AUTRES SE FONT UNE IMPRESSION EST INFLUENCÉE PAR LE LANGAGE CORPOREL

Lors d'une réunion, qui se comporte de la manière la plus attrayante ? Et qui donne cette impression, comment agit-il ?

Certaines personnes sont particulièrement douées pour impressionner en exploitant au maximum l'idée que « moins c'est plus », c'est souvent l'attitude qui nous attire, bien plus que les mots prononcés. Il y a des raisons précises à la façon dont les gens nous perçoivent, et celles-ci découlent de la façon dont nous percevons le langage corporel.

Les recherches d'Albert Mehrabian ont révélé une corrélation entre la maîtrise du langage parlé et le nombre de gestes utilisés pour transmettre le message. Ces professionnels raffinés ont appris à communiquer avec des mots courts et sans émotion qui nécessitent un minimum de mouvements. Même en cas de stress, ils restent relativement immobiles.

Comme pour 007, l'effet de la confiance et du sentiment de contrôle de cette personne sur les autres est incomparable. A partir de ces impressions, il est facile de se faire une opinion sur son intelligence et son statut.

Au contraire, la même étude indique qu'une personne très énergique qui utilise beaucoup de gestes pourrait souligner son manque de force et sa propension à l'intimidation. Jim Carrey, dans tous les rôles exagérés qu'il a joués, est le meilleur exemple de ce concept ; son langage corporel indique une position réactive.

Le modèle qui guide le langage corporel d'une personne commence toujours par son processus de pensée, suivi par ses émotions. Par conséquent, pour comprendre l'autre personne, nous observons la corrélation qui existe entre les émotions ressenties et les gestes effectués. Heureusement, les premières impressions ne sont pas éternelles : il est possible de modifier le langage corporel et les impressions des autres.

LA DOMINATION, LE POUVOIR ET LE STATUT

Dans la plupart des cas, les approches persuasives nous permettent de parler plus couramment et d'atteindre nos objectifs. À cet égard, cependant, nous devons toujours nous rappeler que nous sommes toujours en train de communiquer. Même si vous êtes assis en silence, vous communiquez avec ceux qui vous entourent ; ou encore, votre façon de marcher transmet un message aux personnes qui vous entourent.

Enfin, si vous êtes en compagnie, les significations seront transmises aux autres par votre façon de sourire, de vous reposer et de vous asseoir. Lorsqu'une personne est en colère contre vous et refuse de vous parler, elle communique en fait, elle transmet un message de colère.

Cet examen approfondi de trois méthodes de persuasion de base avec le langage corporel vous aidera à devenir un communicateur plus convaincant :

- Bras croisés : une personne dont les bras sont croisés semble sur la défensive et sur ses gardes. Si vous communiquez en positionnant vos bras de cette manière, votre message sera perçu comme négatif et vous réussirez moins bien à convaincre votre interlocuteur d'accepter votre point de vue. Gardez toujours vos bras ouverts ! ;

- Doigt ou main sur la bouche ou le nez : avez-vous déjà dû poser une question à quelqu'un et recevoir une réponse polie alors que l'autre personne se gratte la bouche avec un doigt ou met sa paume sur sa bouche ? Il s'agit d'un indicateur courant du mensonge ; la personne peut être en train de dire quelque chose verbalement, mais elle cache inconsciemment sa bouche du mensonge qu'elle raconte. Gardez vos doigts et vos mains loin de votre bouche et de votre nez ! ;

- Avez-vous déjà observé une personne qui marche la tête baissée, les épaules voûtées et les mains dans les poches ? Vous avez probablement pensé à la tristesse ou à la colère de cet individu. Lorsque l'on marche, il faut faire des pas modestes à un rythme modeste et se tenir debout avec le dos droit, les épaules en arrière et le regard vers l'avant.

Le langage corporel peut être le facteur décisif qui vous empêche de conclure une vente, d'obtenir une promotion ou de convaincre le sexe opposé de l'intérêt que vous lui portez.

En tant qu'êtres humains, nous dépendons des autres et devons leur parler régulièrement pour réussir. Si nous voulons éviter la souffrance et les conflits, nous devons nous efforcer de maîtriser ces conversations. L'application des techniques de persuasion vous mettra sur la voie rapide pour gagner un salaire plus élevé, attirer immédiatement le sexe opposé et avoir un contrôle total sur votre vie.

LE LANGAGE CORPOREL ET L'INTIMITÉ PHYSIQUE

Voici onze étapes de la communication silencieuse dans un contexte intime, en commençant par les premières avances et en terminant par l'intimité physique. L'objectif, en général, est de comprendre à l'avance ce qui va se passer et de savoir comment réagir au mieux. N'oubliez pas : lorsque vous interprétez le langage corporel, pensez à rechercher des groupes de comportements plutôt qu'une seule action.

- Se concentrer sur le corps : lorsqu'une interaction formelle devient plus informelle, le regard se déplace du triangle supérieur de l'entreprise (œil droit - œil gauche - nez et retour à l'œil droit) vers la partie inférieure du visage et le haut du torse. Soyez attentif à ce changement d'attitude, qui peut impliquer une modification de la posture corporelle de votre interlocuteur, par exemple en se penchant légèrement en arrière pour mieux voir votre visage ;

- Contact visuel : lorsque l'intimité augmente, le contact visuel augmente également, ce qui se traduit par des regards profonds et prolongés. Dans un moment aussi érotique, le fait d'éviter le contact visuel est synonyme d'incertitude ou de désintérêt ;

- La main établit un contact : généralement, le contact est léger mais prolongé. Elle peut également être déguisée en contact accidentel ou en comportement socialement acceptable, comme placer une main sous le coude d'une personne pour l'aider à se déplacer dans un lieu bondé ;

- La main touche l'épaule : là encore, le message peut être caché dans un comportement socialement acceptable. Jusqu'à ce moment, chaque partie peut se retirer de la confrontation et faire comme si rien ne s'était passé. Si vous étiez à l'origine de l'avance, vous ne perdriez pas trop de dignité. Cependant, une fois le mur du silence brisé, il est impossible de revenir en arrière sans porter gravement atteinte à votre orgueil ;

- Le bras entoure la taille : cela indique le désir d'un lien beaucoup plus profond. Si cela est accepté, l'étape suivante se déroulera rapidement ;

- Contact bouche à bouche : dès qu'un baiser est échangé, des informations chimiques sont envoyées d'un individu à l'autre. Le baiser ajoute d'autres sens à l'interaction, le goût et l'odorat. Ce n'est pas seulement la salive qui contribue au goût, mais aussi la température du corps. La température normale et saine du corps humain est de 37° C (98,4° F). Cependant, la température de la peau est toujours plus basse et varie en fonction de notre état émotionnel. Lorsque nous avons de l'appréhension ou de la peur, notre température corporelle baisse. Lorsque nous sommes calmes ou stimulés sexuellement, notre température corporelle augmente. Pendant les phases les plus intimes d'une expérience sexuelle, une baisse de la température corporelle envoie un message à notre partenaire sexuel, qui la perçoit généralement comme un manque d'intérêt, un dégoût, un malaise ou un rejet. Les personnes frigides sur le plan émotionnel sont également susceptibles d'être froides sur le plan physique. Lorsqu'on se réfère à un homme ou à une femme comme à une « personne chaleureuse » ou à une « étreinte chaleureuse », le sens peut être interprété littéralement. Lorsqu'elles deviennent plus passionnées, les « personnes chaleureuses » deviennent en fait plus chaudes et leur partenaire interprète avec précision ce phénomène comme une indication de leur état émotionnel ;

- Une main caresse la tête : les femmes atteignent généralement la tête avant les hommes. Parce que le crâne est si délicat, une main qui le caresse indique une plus grande confiance entre deux individus. Seules les personnes dont nous nous sentons proches peuvent toucher notre tête sans que nous ne bronchions. La main caresse le corps à travers les vêtements ou en explorant le dessous. Certains individus ferment les yeux pour se concentrer sur les sens de la température et de l'odorat, mais établir un contact visuel et garder les yeux ouverts est beaucoup plus efficace. Outre les sens visuel, tactile, auditif et gustatif, l'odorat est également mis à contribution. L'odorat contribue à déclencher des émotions lors de la proximité physique, et devient plus sensible à l'odeur caractéristique de notre partenaire sexuel. Les odeurs ont un effet puissant sur le système neurologique, atteignant les régions du cerveau responsables du traitement de la mémoire et du plaisir. Lorsque vous anticipez cette étape de l'intimité physique, le meilleur conseil est d'utiliser le parfum avec parcimonie et de laisser l'odeur corporelle naturelle agir pour vous, sans la masquer ou la cacher avec des produits artificiels. Plus vous vous sentirez à l'aise avec l'autre en tant qu'individu, plus la relation sera facile et joyeuse ;

- Les gars : laissez-la se familiariser. Les femmes, en particulier celles qui ne prennent pas de contraceptifs oraux, ont un odorat très développé et sont attirées par les parfums ;

- Mesdames : laissez votre odeur jouer un rôle important ; encouragez-la à vous sentir lorsque vous avez vos règles. C'est l'état physiologique le plus proche de l'œstrus ou des chaleurs. La bouche caresse le corps. Lorsque ce stade est atteint, l'activité sexuelle est très probable, si les circonstances sont favorables. La main caresse les parties génitales. A ce stade, la seule phase restante est le contact génito-génital.

Deux autres observations sur les odeurs corporelles :

- Renifler son conjoint est un exercice hautement sensuel, mais l'odeur désagréable, âcre, pénétrante et fétide d'un corps non lavé est susceptible de contrecarrer les effets positifs des phéromones. Pour développer cette odeur corporelle fraîche, prenez une douche avant l'exercice et renoncez à la douche après. Après avoir transpiré, laissez-les se familiariser avec votre odeur naturelle.

- Lorsque deux personnes se rencontrent, il y a une période - qui dure en moyenne entre 18 mois et trois ans - pendant laquelle la substance chimique de l'attraction est créée en grande quantité dans le cerveau et le désir et l'activité sexuels sont à leur apogée.

L'odeur corporelle individuelle de l'autre personne est ce qui maintient notre intérêt. Cependant, les effets positifs diminuent avec le temps, comme toutes les bonnes choses ; considérez cette donnée : les taux de divorce atteignent leur maximum environ quatre ans après le mariage.

L'IMPORTANCE DU LANGAGE CORPOREL DANS LES ENTRETIENS D'EMBAUCHE

Il est difficile de trouver un emploi dans l'économie complexe d'aujourd'hui. La récession actuelle est marquée par des taux de chômage exceptionnellement élevés, ce qui rend plus difficile pour les chômeurs de retrouver le chemin du travail.

Trop de personnes sont en concurrence pour trop peu de postes, ce qui rend le processus de recherche d'emploi souvent désagréable, démoralisant et infructueux. Il ne suffit pas d'être compétent et d'avoir d'excellentes recommandations ; un atout supplémentaire est souvent nécessaire pour se distinguer des autres candidats. Mais comment obtenir cet avantage supplémentaire ? Évidemment, en gérant efficacement votre langage corporel.

De nombreux demandeurs d'emploi se sabotent eux-mêmes en exprimant de manière non verbale un manque de confiance et une faible estime de soi. Lors de votre prochain entretien d'embauche, vous devrez vous efforcer d'éviter que cela ne se produise.

Pour vous représenter correctement lors d'un entretien d'embauche, vous devez faire preuve de confiance et de compétence. Au contraire, la peur et l'incertitude modifient négativement l'impression que vous donnez aux autres. Si, lors d'un entretien d'embauche, un manque de confiance se manifeste dans votre langage corporel, vos chances d'être sélectionné seront compromises.

Selon des sociétés de recrutement du monde entier, les candidats irrités par des entretiens d'embauche apparemment interminables et des recherches d'emploi futiles affichent un langage corporel négatif qui les conduit à échouer aux entretiens. Après une série d'entretiens d'embauche infructueux, de nombreux demandeurs d'emploi tombent dans une spirale négative qui peut être fatale à leur recherche d'emploi : c'est un cercle vicieux dont on ne voit pas la fin.

La spirale fatale des entretiens d'embauche se produit après plusieurs rendez-vous infructueux : le manque de confiance en soi se reflète dans le langage corporel lors du prochain entretien d'embauche, ce qui contribuera à l'échec et aggravera à son tour ce sentiment d'insécurité. Ce cycle peut conduire au désespoir et à l'abandon définitif de la recherche d'un emploi.

Pour éviter cette spirale infernale, il est essentiel de faire preuve de confiance et d'éviter de donner une mauvaise impression. Gérer le langage corporel et éviter les erreurs courantes sont des éléments cruciaux qui déterminent une bonne et productive performance.

Quelle est la valeur du langage corporel ? Selon certaines études, jusqu'à 93 % de votre impact est déterminé par des facteurs autres que les mots. Il ne suffit pas de s'exprimer correctement, il faut aussi transmettre la bonne image et la bonne impression par un canal non verbal.

Considérez les cinq directives suivantes sur le langage corporel lors de votre prochain entretien d'embauche :

- Utilisez une poignée de main ferme : la plupart des gens pensent que les poignées de main faibles et molles indiquent un caractère trop mou. Assurez-vous que votre poignée de main est ferme, et maintenez un contact visuel ferme et rassurant ;

- Faites attention à votre posture : il y a une nette différence entre une posture confiante et une posture qui traduit une faible estime de soi. Le meilleur conseil est celui que vous avez peut-être entendu de votre mère depuis votre enfance : tenez-vous droit, le dos bien droit et les pieds bien ancrés dans le sol. Là encore, une posture voûtée est un signe de faible estime de soi, voire d'apathie ;

- Contact visuel : un contact visuel constant et solide est lié à la confiance, à l'honnêteté et à l'audace ;

- Surveillez votre production vocale : selon les experts, jusqu'à 38 % de notre communication est transmise par notre voix et nos qualités vocales ; nous devons donc faire attention à ce que nous disons et à la manière dont nous le disons. Lorsque nous sommes anxieux, nous avons tendance à parler plus vite et d'une voix plus aiguë, sapant ainsi notre autorité. Entraînez-vous à parler lentement et de manière réfléchie, comme le recommande le secteur du théâtre ;

- Méfiez-vous du langage corporel de votre interlocuteur : sur le marché du travail concurrentiel d'aujourd'hui, il ne suffit pas d'être qualifié pour le poste et d'avoir de solides références. Vous devez convaincre votre interlocuteur que vous partagez la mission et les valeurs de l'entreprise. Il est essentiel d'interpréter correctement le langage corporel de votre interlocuteur et de réagir en conséquence : vous devrez faire preuve d'une « intelligence sociale » et d'une conscience suffisante pour vous distinguer des autres candidats.

Le langage corporel et les cinq facettes de la communication non verbale mentionnées ci-dessus augmenteront vos chances de réussite lors de votre prochain entretien d'embauche. Si un langage corporel correct ne vous garantit pas forcément un emploi, un langage corporel incorrect le fera presque certainement.

QU'IMPLIQUE LE LANGAGE CORPOREL LORS D'UN ENTRETIEN ?

Moins de 10 % de ce que nous communiquons sort de notre bouche, tandis que les 90 % restants proviennent de la manière dont nous le disons et des mouvements de notre corps lorsque nous parlons. Si vous êtes assis de manière inconfortable sur une chaise, vous risquez de paraître ennuyé ou arrogant ; si vous gardez les bras croisés, vous aurez l'air sur la défensive et si vous parlez d'une voix basse et d'un ton monocorde, vous paraîtrez grincheux et inintéressant.

Pour un langage corporel correct pendant l'entretien, veillez à vous asseoir droit sur votre chaise, à vous pencher légèrement en avant et à joindre vos mains devant votre corps.

Vous devez également essayer de vous détacher de votre corps afin de comprendre ce que vous communiquez à votre interlocuteur par votre posture et vos gestes, et si nécessaire réorienter votre comportement vers d'autres significations. Nous expliquons ci-dessous ce qu'il faut transmettre à l'interlocuteur et comment éviter les difficultés.

- Le sourire est important.

Personne n'a envie de travailler avec une personne acariâtre et inintéressante, car cet individu sera nuisible à l'équipe. On rencontre souvent des candidats qui ont quitté une entreprise parce qu'ils étaient insatisfaits de leur équipe et qu'ils collaboraient avec des personnes ennuyeuses et grincheuses. Un sourire soucieux est préférable à une apparence morose. Toutefois, même si le rire n'est pas un problème, évitez de faire des blagues stupides juste pour susciter un rire. Cela peut souvent se retourner contre vous, surtout si, après la blague, vous êtes le seul à en rire.

- Prenez note des mouvements de la main.

Les mouvements des mains révèlent beaucoup de choses sur un candidat, c'est pourquoi les examinateurs passeront beaucoup de temps à les observer. Que se passe-t-il généralement lorsqu'une personne est nerveuse pendant une présentation ? Les mains commencent à trembler. Pour éviter de donner l'impression que vous êtes inquiet, serrez vos mains et posez-les sur votre bureau ou sur vos genoux si vous n'êtes pas assis à votre bureau. Ne croisez absolument pas vos mains derrière la nuque ou sur le dessus de la tête, car cela dénoterait de l'arrogance et la conviction d'être supérieur à votre interlocuteur. Se toucher la bouche ou le nez suggère l'incertitude, se décoiffer montre la nervosité et croiser les bras montre une attitude défensive.

- Comment les bras sont-ils utilisés ?

Il est acceptable de s'exprimer en bougeant les bras tout en parlant ; toutefois, vous devez veiller à ce que ces mouvements ne vous distraient pas trop, ni vous ni votre interlocuteur. Souvent, les candidats agitent leurs bras de façon si extravagante que vous vous souvenez à peine de ce qu'ils disent et que vous vous demandez si l'image qu'ils ont dessinée en l'air est pertinente pour l'entretien. Le meilleur conseil est de limiter les mouvements de vos bras à une boîte carrée devant vous. Cela signifie que vos bras ne peuvent pas passer au-dessus de votre cou, sous la table ou à droite ou à gauche de vos épaules. Si vous vous assurez que les mouvements des bras sont minimes dans ce carré, vous pouvez être sûr que l'interviewer se concentrera sur vous et non sur le mouvement de vos membres.

- Comment la tête doit-elle être positionnée ?

Un enquêteur expérimenté interprétera certaines significations sur la base des mouvements de l'arrière de votre tête. Par conséquent, pour faire la meilleure impression possible, vous devez connaître quelques éléments essentiels. Un hochement de tête en signe d'assentiment pendant que l'interlocuteur parle indique que vous êtes d'accord avec ce qu'il dit. C'est l'un des signaux du langage corporel les plus évidents, mais aussi l'un des plus importants à saisir correctement. En revanche, incliner la tête sur le côté indique l'amabilité et la réceptivité, tandis que garder la tête droite indique la sécurité et la certitude.

- Quelle est votre position ?

La façon dont vous vous asseyez dans une salle d'entretien est cruciale : si vous êtes affalé sur votre chaise, vous pouvez penser que vous n'êtes pas inquiet de l'issue de l'entretien. Si, au contraire, votre dos est voûté et que vous fixez le sol, vous indiquerez un manque de confiance en vous. Après avoir serré la main de votre interlocuteur et vous être assis, vous devez maintenir une posture droite et confiante sur la chaise. De cette façon, vous donnerez l'impression d'être à l'aise et confiant.

- L'important n'est pas ce que vous dites, mais comment vous le dites.

Les coaches en vente disent souvent : « Ce n'est pas ce que vous dites, mais la manière dont vous le dites qui génère la confiance que vous dites la vérité ». Il en va de même pour le langage corporel lors d'un entretien, et vous devez veiller à parler d'égal à égal avec votre interlocuteur. Pour assurer votre confiance et votre compétence, vous devez parler avec clarté et maîtrise. Si vous semblez monotone, vous serez inintéressant et personne ne voudra vous engager. Ne craignez pas de faire des pauses en parlant, cela vous sera utile pour souligner certains mots.

- Où regardent vos yeux ?

Maintenir un contact visuel correct est incroyablement difficile mais d'une importance vitale. Si vous n'établissez pas un contact visuel suffisant pendant un entretien, vous pouvez paraître distant et peu sûr de vous, mais si vous fixez votre interlocuteur, vous aurez pour effet de le mettre mal à l'aise, de le déranger. Personne n'aime être dévisagé et l'interviewer ne fait pas exception. La frontière est très mince entre le faire correctement et paraître étrange. La recommandation commune est de toujours fixer l'interlocuteur, mais pas directement dans les yeux. Vous devez plutôt regarder le visage de votre interlocuteur, en vous concentrant d'abord sur les yeux, puis sur le nez ou les lèvres et enfin sur un côté du visage. De cette façon, vous paraitrez naturel sans donner l'impression de regarder fixement. De même, détourner le regard après 5 à 10 secondes peut être un bon compromis.

La positivité du langage corporel provient de la confiance dans la préparation de l'entretien, qui ne peut être obtenue que par la préparation.

LES PIÈGES DU LANGAGE CORPOREL LORS D'UNE INTERVIEW

Voici quelques-unes des erreurs les plus graves du langage corporel dans les entretiens :

- Être perçu comme malhonnête

Lorsque vous évitez le contact visuel avec une autre personne, vous semblez manquer de sincérité, car le contact visuel est considéré comme un signe d'honnêteté. Pensez aux répercussions d'une apparence malhonnête lorsque vous faites part de vos réalisations professionnelles. Tragique ! Mais il n'y a pas que les yeux qui nuisent à votre apparence.

Imaginez avoir une conversation avec quelqu'un qui se couvre la bouche en parlant, qui se frotte l'arrière du nez, qui joue avec les lobes de ses oreilles ou qui croise les bras. Tous ces éléments sont des symptômes universels de malhonnêteté que nous reconnaissons tous intuitivement. Autres conseils pour paraître honnête et ouvert : maintenez le contact visuel et ne croisez pas les bras pendant l'entretien, gardez les mains ouvertes et écartées, sans entrelacer ou serrer les doigts, autorisez-vous à utiliser des mouvements pour illustrer votre propos, mais gardez-les petits et limités.

- Être perçu comme antipathique

Lorsque vous n'avez pas le sourire, vous paraissez grincheux. Par conséquent, si paraître malhonnête peut nuire à la crédibilité de vos compétences, ne pas sourire nuit à votre image. Au travail, il ne s'agit pas de se faire des amis mais de coopérer, et lorsque vous ne souriez pas, vous paraissez froid, désintéressé et même arrogant : en bref, vous n'avez pas l'esprit d'équipe. Les gens associent souvent une attitude sérieuse à une apparence professionnelle ; par conséquent, ils s'abstiennent de sourire. Or, il s'agit d'une croyance erronée et contre-productive : le sourire est une première étape dans l'établissement d'un lien et donc, lorsqu'on ne sourit pas, on paraît distant. Le sourire est l'aspect le plus persuasif de votre langage corporel ; s'il est sincère, il constitue un message universel de chaleur que tout le monde comprendra et appréciera.

- Manque de respect

Que diriez-vous d'une poignée de main faible ou trop ferme ? Cela montre votre manque de respect. Rappelez-vous les origines de la poignée de main : des hommes désarmés se sont réunis pour parler et collaborer. La poignée de main a évolué pour transmettre la force de caractère et l'ouverture d'esprit dans ce contexte. En gardant cela à l'esprit, nous reconnaissons immédiatement qu'une poignée de main faible paraîtra docile, tandis qu'une poignée de main ferme paraîtra dominante. Dans les deux cas, il y a un manque de respect de soi ou de l'autre individu. Encore une fois, n'oubliez pas de montrer vos deux mains, même si une seule est nécessaire pour la poignée de main, et appliquez le niveau de pression approprié pour montrer votre considération - pour les deux parties.

- Semblant anxieux

Vous êtes-vous assis à côté de quelqu'un qui se touchait souvent le visage ? Ou qui a continué à lisser ses vêtements ? Ou qui a essayé d'enlever des particules de poussière invisibles de son pardessus ? Ou qui a continué à manipuler leurs cheveux ?
Si vous avez déjà fait l'expérience d'un tel comportement, vous comprendrez : cet individu semblait assez anxieux, n'est-ce pas ? La plupart des examinateurs comprendront et pardonneront votre nervosité, car la plupart d'entre nous sont anxieux à l'idée de passer un entretien. Cependant, faire preuve d'une anxiété excessive est dangereux, car cela ne présage pas de votre comportement lors des

réunions ou des présentations auxquelles vous devrez assister une fois engagé. En outre, une manifestation exagérée d'anxiété risque de donner une mauvaise image de votre compétence. Il existe de nombreuses stratégies pour combattre le trac des entretiens ; mes préférées sont la respiration profonde et la modération du dialogue intérieur. Essayez de trouver la ou les techniques qui vous conviennent le mieux, afin que le stress de l'entretien ne vienne pas entraver votre performance et vous nuire.

- Donner une impression de paresse

Imaginez une personne affalée sur sa chaise, qui s'appuie trop sur le dossier ou même qui pose sa cheville sur le genou opposé. Quelle serait votre impression si vous étiez témoin d'un tel comportement ? D'une personne paresseuse ? Ou d'une personne fatiguée ? Ou même d'une personne arrogante ? Certaines personnes sont tellement désireuses de paraître détendues lors d'un entretien qu'elles adoptent un comportement plus adapté à une réunion sociale. En adoptant de telles attitudes, on n'apparaît ni confiant ni détendu, mais plutôt incorrect. Selon l'interlocuteur, vous pouvez donner les impressions suivantes à votre sujet : démotivation, désintérêt, manque de fiabilité, ennui ou vantardise. Au final, vous ne ferez pas bonne impression et ne gagnerez aucun point. Je vous conseille donc de poser vos pieds sur le sol, même en abaissant votre chaise. Redressez votre dos, même si vous êtes normalement en contact avec le dossier de la chaise. Pour montrer votre intérêt, vous pouvez vous pencher légèrement en avant, sans vous pencher en arrière.

- Apparaître dans le besoin

Le dernier, mais non le moindre, des problèmes de langage corporel est le fait de traîner les pieds. Cela vous fera paraître non seulement inquiet, mais aussi dans le besoin. Il en va de même si vous vous penchez trop près de votre interlocuteur ou trop loin de la table : cela montrera que vous cherchez désespérément du travail, que vous êtes trop anxieux et que vous manquez de confiance.

Je sais que cette collection de problèmes de langage corporel peut être assez dérangeante. Pour déterminer les pièges dans lesquels vous risquez de vous glisser, entraînez-vous avec un ami et invitez-le à être un peu dur avec vous pendant l'entretien : nous voulons que vous vous sentiez nerveux, sinon l'expérience ne sera pas authentique.

Si vous vous sentez vraiment et réellement mal à l'aise pendant un entretien, vos défauts apparaîtront. Il est donc très important de travailler sur vos points faibles.

GESTION DES IMPRESSIONS

La connaissance de la gestion des impressions, en particulier des premières impressions, c'est-à-dire la façon dont les gens projettent et perçoivent l'opinion des autres, permet à un cadre supérieur ou à un administrateur de comprendre les personnalités et les motivations des personnes engagées dans un conflit.

La plupart des gens affichent leur meilleur visage lorsqu'ils ont besoin de vous ou veulent impressionner les autres, mais ils peuvent aussi être sélectifs et utiliser différents visages dans différentes situations. Si une personne est en position d'autorité sur les autres, elle peut projeter à tort un air de supériorité qui risque d'irriter les personnes sous ses ordres.

Pour mieux comprendre l'importance de comprendre les impressions des autres, présentons le cas suivant. Pour résoudre un conflit entre le responsable des soins - un homme - et la responsable du nettoyage - une femme -, l'administrateur de l'établissement de soins de longue durée doit comprendre comment ces deux personnes se perçoivent mutuellement. Cependant, lorsque les deux parties se retrouvent à discuter avec l'administrateur, elles font bonne figure. Ils sont toujours polis, amicaux, respectueux et reconnaissants pour leur travail.

Cependant, l'administrateur apprend rapidement du superviseur du nettoyage que le responsable des services de soutien la traite différemment de son patron. La femme affirme qu'à partir du moment où le manager s'est présenté à elle, elle a commencé à réagir car elle n'appréciait pas d'être traitée avec une telle autorité et un tel mépris.

Ce scénario pourrait se produire dans de nombreuses entreprises, où les cadres moyens sont gentils avec leurs supérieurs, mais traitent leurs subordonnés avec moins de respect. Les managers ou les directeurs qui supervisent de nombreux niveaux de pouvoir doivent observer et comprendre comment chacun dans leur organisation gère les impressions pour résoudre efficacement les problèmes.

En tant que gestionnaires de conflits, nous pouvons contribuer à les prévenir en promouvant une culture de travail qui encourage la communication et clarifie les idées préconçues ou les impressions.

Un environnement de travail sain est inévitablement réceptif et engagé à apprendre comment les différents types de personnalité traitent et gèrent leurs impressions. Dans certains cas, y parvenir nécessite des efforts et des conversations avec de nombreuses personnes. L'effort, cependant, sera récompensé à long terme par la prévention des malentendus, de la mauvaise communication et des conflits.

La gestion des impressions consiste à manipuler la présentation de soi et le comportement dans certains contextes pour influencer l'impression que l'on laisse aux autres. Elle consiste donc à être son propre publiciste - en préservant activement sa réputation positive et en permettant aux autres de reconnaître sa valeur. Bien que le terme « gestion des impressions » puisse sembler être un phénomène de mode, le concept existe depuis longtemps.

TECHNIQUES DE GESTION DES IMPRESSIONS

- Présentez toujours une apparence professionnelle et soignée

Si vous voulez jouer un rôle de premier plan, vous devez vous habiller en conséquence ! Il s'agit de s'habiller de manière professionnelle et élégante dans l'environnement de travail, en respectant le code vestimentaire approprié au poste que vous allez occuper. Vos vêtements doivent être propres, repassés et plutôt neufs. En outre, votre look doit être soigné, afin de montrer que vous êtes conscient de la façon dont vous vous présentez et que vous tenez à être au mieux de votre forme.

- Utilisez un langage corporel positif et approprié

Il est important de développer un langage corporel poli et confiant, de maintenir un contact visuel agréable, de sourire lorsque c'est approprié, qu'il s'agisse d'un sourire « social » ou d'un véritable sourire de bonheur, et de faire preuve de confiance et de respect de soi en se tenant droit et debout, en gardant la tête haute et les épaules en arrière, en donnant une poignée de main ferme mais sans exagération, et en discutant avec les mains ouvertes.

- Utilisez des mots et des phrases impressionnants

Utilisez un langage confiant et optimiste lorsque vous présentez vos idées. De même, soyez encourageant envers les pensées des autres. Prêtez une attention particulière aux modes d'expression et aux expressions de vos collègues, notamment de vos superviseurs. Quel genre de langage votre superviseur trouve-t-il motivant ou inspirant ? En utilisant les mots et les phrases qui lui correspondent, vous pouvez rationaliser la communication de manière plus efficace et plus positive pour atteindre les objectifs souhaités.

- N'hésitez pas à faire de la publicité

Vous pouvez penser que la qualité de votre travail parle d'elle-même, mais seulement si les personnes appropriées en ont connaissance. Comment pouvez-vous amplifier le volume de vos meilleurs efforts ? N'ayez pas peur de vous attribuer le mérite de vos réalisations et d'en parler. Rappelez-vous la philosophie de Ben

Franklin : cela ne fait pas de mal d'être vu en train de ramener son travail à la maison de temps en temps.

N'oubliez pas que l'autopromotion est essentiellement de la publicité. La gestion des impressions personnelles ne fait pas exception à l'adage selon lequel l'honnêteté est la meilleure politique, car la publicité doit toujours être véridique.
La plupart des gens sont plus enclins à déprécier leurs réalisations qu'à les exagérer. C'est particulièrement vrai pour les femmes, qui se sentent souvent mal à l'aise de se vanter de leurs réalisations.

Toutefois, pensez-y de cette façon : si vos contributions sont vraiment utiles, vos supérieurs et collègues voudront en savoir autant que vous. L'autopromotion n'est pas seulement une question de développement personnel, mais aussi d'articulation efficace de ses compétences, afin de pouvoir fournir à l'équipe ses meilleures ressources et d'être un point de référence pour elle.

- Établir des liens sur le lieu de travail.

Développez des relations cordiales et constructives avec vos collègues et vos patrons pour renforcer votre position au sein du groupe. Cela ne signifie pas que vous devez montrer ou proclamer votre passion pour les chats à votre patron, même si vous êtes allergique aux félins. Il est très probable que vous partagiez au moins une ou deux caractéristiques avec tous les collègues de votre bureau. Utilisez ces passe-temps ou des expériences similaires pour établir un véritable rapport avec vos collègues.

- Être un bon coéquipier

Soyez prêt à couvrir occasionnellement les arrières de vos coéquipiers ou de vos supérieurs. Cela ne signifie pas qu'il faille constamment assumer la responsabilité de l'incompétence des autres, mais il arrive que des erreurs se produisent à des moments inopportuns.

Si vous pouvez contribuer à atténuer les conséquences, faites-le. En aidant vos collègues à préserver leur réputation professionnelle, vous gagnerez leur gratitude et leur respect et ils seront plus enclins à vous aider dans une circonstance similaire.

Votre réputation est un atout important dans l'environnement concurrentiel actuel. Développez et protégez-la comme vous le feriez pour tout autre actif. Ce qui fonctionnait en 1868 fonctionne encore aujourd'hui ; vous pouvez laisser votre excellent travail parler de lui-même, mais vous devez lui fournir un réseau de communication.

EXCELLER DANS LES PRÉSENTATIONS

Voici comment rendre une présentation pétillante ; la règle d'or, cependant, est de toujours faire de son mieux : ne pas se préparer n'est rien d'autre que se préparer à l'échec !

- Préparation et pratique : étudiez et préparez soigneusement votre discours à l'avance et répétez-le devant le miroir au moins cinq fois ou jusqu'à ce que vous vous sentiez à l'aise. Les grands orateurs connaissent parfaitement leur discours, mais semblent spontanés lorsqu'ils le prononcent. Connaître et se sentir à l'aise avec son « texte » vous permet de vous concentrer sur le contact visuel, la prononciation et la participation du public ;

- Les PowerPoint et autres ressources de soutien ne doivent jamais être utilisés comme une béquille ; ces supports doivent compléter et illustrer ce que vous dites, mais jamais vous remplacer. La façon la plus simple de déterminer votre degré de dépendance à l'égard de ces aides est de penser à ce qui se passerait si votre PowerPoint tombait en panne ; seriez-vous en mesure de poursuivre votre présentation sans lui ? Si ce n'est pas le cas, vous devez reconsidérer votre présentation et rendre vos propos plus autonomes et indépendants de ces aides numériques ;

- Adaptez le contenu à votre public : s'il s'agit d'un discours d'après-dîner, vous devez inclure beaucoup d'humour. Si vous parlez d'un sujet dont vous êtes un expert, soyez compétent, fascinant et engageant ;

- Faites en sorte que le discours soit court et divertissant : dix minutes suffisent pour retenir l'attention de l'auditoire et lui donner envie d'en savoir plus ! Utilisez le temps restant pour les questions et les réponses. Qui s'est déjà plaint d'un discours trop court ? ;

- Répétez votre discours avec un partenaire ou un ami proche et demandez-lui de vous faire part de ses commentaires et de ses éventuelles considérations de temps ;

- Il n'y a rien de pire qu'un pépin technique qui vous fait dévier de votre route, alors assurez-vous que votre microphone et votre équipement fonctionnent et que les niveaux ont été vérifiés pour que le public puisse vous entendre ;

EXCELLER DANS LES DISCOURS

Voici des suggestions et des approches pour rédiger et prononcer des discours.

- Utilisez un titre accrocheur : en plus d'attirer et d'inciter les gens à vous écouter, un bon titre capte l'attention des gens, stimule leur curiosité et peut contribuer à développer l'événement et l'enthousiasme de l'auditoire ;

- Les meilleurs orateurs retiennent l'attention parce qu'ils s'expriment de manière directe, sans embrouiller l'auditoire avec du jargon, du langage de gestion ou un langage technique complexe. Les personnes qui agissent de la sorte ne comprennent pas suffisamment bien leur sujet pour l'expliquer en termes simples, ont un manque de créativité ou sont donc nées pour être ennuyeuses. Voici un excellent exemple d'absurdité inutile et aliénante : « *La théorie néoclassique de la croissance endogène et l'interaction symbiotique entre les investissements dans les personnes et les infrastructures* ». L'ancien Premier ministre britannique Gordon Brown ;

- Les lignes d'ouverture et de clôture doivent être incisives : les analogies, les drames et les faux-fuyants sont de bonnes ouvertures et brise-glace et constituent un moyen efficace d'impliquer le public, de relier le message et d'introduire les points principaux ;

- Faites une pause pour l'effet dramatique. Cela permettra de maintenir l'attention du public et d'ajouter de l'intensité et de l'enthousiasme à votre message. N'oubliez pas que faire une pause avant de parler est un excellent moyen de vous calmer et de calmer vos auditeurs ;

- Timing et intonation : ne précipitez pas vos paroles, mais n'hésitez pas à varier le rythme de votre discours pour ajouter de l'emphase, du drame et de l'impact à votre message. Cela contribuera également à maintenir l'intérêt du public. Il en va de même pour le volume et le ton de la voix : parler à voix basse ou haute, être plus gai ou plus solennel, contribue à l'effet dramatique et à maintenir l'attention du public ;

- Enthousiasme : si vous êtes passionné par votre sujet, votre public le sera aussi. L'enthousiasme donne de l'énergie et de la force à un discours, alors ne partez pas sans lui ;

- Le contact visuel implique le public. Créez des points de convergence dans la salle : au fond, sur les côtés, au milieu et devant le public, et dirigez votre regard vers eux en alternance. Trouvez trois ou quatre personnes dans différents endroits de la pièce à qui vous pouvez adresser des gestes et des plaisanteries occasionnels ;

- Les gestes de la main qui aident à transmettre les mots et le sens sont excellents, mais ils doivent paraître naturels. Les PDG que nous avons vus gesticuler comme des robots frénétiques avaient reçu l'ordre de le faire de leurs services de relations publiques. Vous aurez l'air d'une vraie « mauviette » aux yeux de votre public et de ceux que vous voulez impressionner et persuader ! ;

- Déplacez-vous si possible : si vous avez la possibilité de vous déplacer et d'utiliser l'étage où vous parlez, faites-le. C'est un excellent moyen de maintenir l'attention des gens. Elle rend également la présentation plus directe, plus intime et plus personnelle pour le public.

L'ORGANISATION ET LE CONTENU D'UN DISCOURS

- Commencez par une structure : déterminez le message principal et divisez-le en trois points essentiels que vous souhaitez exprimer. Celles-ci peuvent être subdivisées en fonction du niveau de spécificité souhaité. En résumé, l'introduction doit indiquer au public ce qui est dit, le corps du texte doit raconter l'histoire et la conclusion doit résumer ce qui a été dit ;

- Racontez au public quelque chose de nouveau, de captivant et d'inoubliable. Donnez vie à l'histoire à l'aide d'exemples et d'expériences réels : une merveilleuse façon de convaincre les gens de vous écouter est de tisser des anecdotes ou des exemples pertinents de vos propres expériences ou de celles d'autres personnes dans la présentation pour le public ;

- Incorporez des « one-liners » mémorables et des métaphores colorées : ils permettent de capter l'attention du lecteur, de maintenir son intérêt et de rendre votre discours mémorable. Voici un exemple : « *Parlez doucement et portez un gros bâton et vous irez loin* ». - Le président Theodore Roosevelt ;

- Utilisez un langage concis et direct pour obtenir un effet dramatique. Les phrases « L'échec n'est pas une option » et « Le moment est venu » sont des exemples de phrases courtes à fort pouvoir d'engagement ;

- Appliquez des adverbes et des adjectifs positifs. Au lieu de « *Nous sommes confrontés à de nombreux défis* », dites « *Nous sommes confrontés à de nombreux défis passionnants* » ; et au lieu de « *Nous allons travailler sur nos problèmes* », ajoutez « *Nous allons travailler ensemble pour surmonter nos problèmes* » ;

- Utilisez l'allitération pour créer des phrases distinctives et citables, telles que « *Et je suis tombé comme un cadavre tombe* », « *La fête vous tente trois fois* », « *Il a grondé, il a rebondi, il a roulé* » et « *Alors ? Benagol !* » ;

- Comparaison : avec d'autres organisations, avec des concurrents et avec des expériences individuelles, en mettant en évidence ce qui peut être appris de celles-ci ;

- Utilisez des phrases tripartites pour renforcer l'aspect dramatique. Cette approche est appelée « tricolore », comme dans « Gouvernement du peuple, par le peuple et pour le peuple » et « Nous sommes venus, nous avons vu, nous avons conquis » ;

- Répétition de phrases cruciales pour un effet dramatique. La célèbre déclaration de Winston Churchill en temps de guerre : « Nous nous battrons sur les *plages, nous nous battrons sur les sites de débarquement, nous nous battrons dans les champs et dans les rues* » en est un exemple.

- Utilisez des phrases mémorables. Exemple : « *Un pessimiste voit une difficulté dans une opportunité, tandis qu'un optimiste voit une opportunité dans chaque défi* ». Ils sont utiles pour chauffer l'auditoire au début de tout discours ou présentation. Voici quelques excellents exemples : « *Je me fiche de savoir combien mes ministres parlent, tant qu'ils exécutent mes instructions* ». Margaret Thatcher, ancien Premier ministre britannique.

- Concluez par une déclaration forte qui appuie votre phrase d'ouverture. Si, par exemple, vous prononcez un discours sur l'importance de la transformation de l'entreprise, vous pouvez conclure en disant : « *Le progrès est impossible sans changement et celui qui ne change pas d'avis ne peut rien changer* ». - George Bernard Shaw. Ou encore : « *Tout ce qui est abordé ne peut pas être changé, mais rien ne peut être changé tant qu'il n'est pas abordé* ». - James Baldwin.

- Ne vous excusez pas de votre présence ! Le public attend beaucoup de vous ; ne le décevez pas en disant que vous n'êtes pas très doué pour parler en public, que vous ne savez pas pourquoi on vous a demandé de parler, que vous êtes anxieux ou toute autre excuse.

COMMENT APPLIQUER LE LANGAGE CORPOREL DANS DES SITUATIONS PERSONNELLES ET JURIDIQUES

La communication est l'une des activités les plus importantes de la vie. En raison de ses nombreuses facettes, il est également sujet à des interprétations erronées. Il est donc prudent de la comprendre autant que possible afin de mieux comprendre et appréhender les autres. Malheureusement, certains des éléments les plus puissants de la communication ne sont souvent pas reconnus consciemment, et encore moins maîtrisés.

Les signes du langage corporel appartiennent à cette catégorie. Dans le cadre de mon travail de préparation des témoins, j'ai été témoin d'individus mal préparés par leurs manières ou leur langage corporel, ce qui a entraîné des conséquences inutilement négatives.

Beaucoup d'entre nous ne sont pas conscients des messages involontaires qu'ils communiquent. Il est bénéfique de savoir ce que l'on dit à chaque seconde, que l'on communique avec sa famille, ses amis, ses adversaires, ses collègues, le grand public ou que l'on témoigne devant un tribunal.

Même lorsque nous ne parlons pas, notre langage corporel transmet des informations et, lorsque nous parlons, les mots eux-mêmes ne constituent qu'une partie du message. De nombreuses mères sont connues pour leur dire : « Ne me parle pas comme ça ! ».

Le désormais légendaire Charles Darwin a publié « L'expression des émotions chez l'homme et les animaux » à la fin des années 1800. Cet essai est devenu la première étude scientifique connue du langage corporel et du comportement, parfois appelé « attitude » chez les humains.

De nombreuses recherches ont été menées sur les types, les manifestations et les impacts de la communication et du comportement verbaux et non verbaux. Bien que ces signaux soient souvent si faibles que nous n'en sommes pas conscients, des recherches ont montré qu'il en existe un large éventail.

Contrairement à Darwin, ce chapitre sera entièrement consacré à l'homme. Au grand dam de l'humanité, il convient de noter que les animaux semblent être beaucoup plus compétents que la plupart d'entre nous en ce qui concerne le ton et la communication non verbale.

Dès lors, que signifie le langage corporel et comment le reconnaître ? Comme on le croit généralement, le fait de croiser les bras indique-t-il seulement qu'une personne se protège ou empêche les autres de s'approcher trop près ? Pourrait-elle également indiquer une gêne physique, comme le froid ou la douleur ? Cela pourrait-il indiquer qu'elle est effrayée ? Ou peut-être en colère ?

Que diriez-vous de détourner votre regard ou d'éviter le contact visuel ? Ils sont souvent interprétés comme des indicateurs de malhonnêteté. Cependant, qu'en est-il si la personne est timide ? Peut-être confus ? Ou même terrifié ?

Depuis les années 1970, avec l'intérêt croissant pour l'étude de la psychologie et du développement humain, l'analyse du langage corporel s'est considérablement développée. Après le célèbre livre « Body Language » de Julius Fast, les médias et certains prétendus experts ont commencé à mettre l'accent sur l'interprétation trop simpliste de postures qui semblent défensives, comme le croisement des bras et des jambes.

Bien que ces gestes non verbaux puissent signaler certains sentiments et attitudes, les recherches montrent que le langage corporel est beaucoup plus subtil, complexe et ambigu qu'on ne le pensait auparavant.

Le langage corporel désigne en partie l'utilisation inconsciente de signaux non verbaux. Des expressions faciales aux mouvements et postures du corps, en passant par ce que nous ne disons pas ou la façon dont nous disons quelque chose.

Le manque de conscience de son propre langage corporel et de celui des autres, ainsi que du ton de sa voix, nous prive d'un aperçu, d'une compréhension et peut-être même d'une plus grande appréciation de la vie.

La prise en compte de nombreux indicateurs est cruciale pour une interprétation précise. Pour comprendre pleinement les signaux d'un groupe, il faut prendre en compte les conditions de scénarios et d'environnements particuliers, au lieu de se concentrer sur un seul geste (comme les bras croisés) ou un seul ton vocal.

Aussi surprenant que cela puisse paraître, de nombreuses études ont établi qu'environ 60 % de la communication humaine repose uniquement sur l'interprétation de messages non verbaux.

Le 27 % de ce à quoi nous réagissons est le ton de la voix de l'orateur, tandis que les 13 % restants sont les mots eux-mêmes. Nous ne croirions jamais quelqu'un qui dit qu'il nous aime en utilisant une voix hargneuse.

Nous réagissons en permanence à des dizaines de milliers d'indices et de comportements non verbaux, tels que les postures, les émotions faciales (y compris les mouvements des micro-muscles et les petits changements de couleur de la peau), les mouvements des yeux, les gestes et les tons de voix.

Nous sommes même influencés par nos expressions faciales ! Essayez d'être mécontent tout en affichant un grand sourire et en marchant rapidement.

De la poignée de main à la façon dont nous nous déplaçons, en passant par nos vêtements, les indices non verbaux en disent plus sur nous que nous ne pouvons l'imaginer. Lorsque nous interprétons et établissons des relations avec d'autres personnes, nous utilisons ces indices, souvent inconsciemment.

Heureusement, il est toujours possible de s'améliorer. Apprendre à communiquer en utilisant le langage non verbal est essentiel pour mieux comprendre les autres et transmettre notre message plus efficacement.

En général, les expressions faciales sont la référence sur laquelle nous nous appuyons le plus, surtout au début. Pensez aux différentes informations que transmettent un froncement de sourcils d'inquiétude ou de désapprobation, des dents serrées, un sourire radieux ou un visage de désespoir. Les expressions de bonheur, de dégoût, de tristesse, de surprise, de colère et de peur sont universelles et faciles à reconnaître, où que nous soyons dans le monde.

Un autre comportement non verbal significatif est le contact visuel. Regarder ou éviter de regarder, fixer ou détourner le regard transmettent de façon répétée des messages clairs. L'acte souvent inconscient de cligner des yeux a également des implications sociales.

Selon certaines études, le taux de clignement et de dilatation des pupilles augmente lorsqu'une personne rencontre quelque chose ou quelqu'un qu'elle apprécie. Par ailleurs, le fait de regarder quelqu'un en clignant rarement des yeux peut indiquer une agressivité ou, à l'inverse, une attention soutenue.

Les acteurs ayant une forte présence à l'écran maintiennent souvent un regard fixe et clignent souvent et lentement des yeux. Le regard d'une personne peut transmettre diverses émotions, notamment l'antagonisme, l'intrigue et l'attraction.

Les gestes, notamment le fait de saluer, de pointer, de bouger les doigts et de faire des signaux, sont essentiels à la communication. La force et/ou le mouvement des bras, des mains et des doigts communiquent beaucoup, de la danse à l'affirmation de soi, des gestes inclusifs et pacifiques aux postures hostiles. Une légère pression sur le front indique l'attention, tandis qu'un poing serré envoie un message complètement différent.

La paralinguistique, quant à elle, fait référence à la communication vocale qui accompagne le langage parlé. Elle implique l'étude des tons de la voix, du volume, de l'inflexion, de la métrique et de l'intonation. Les auditeurs peuvent interpréter un ton de voix relativement fort comme une approbation et un enthousiasme.

Un mot prononcé plus fort ou plus bas peut facilement indiquer une certaine dureté, voire une menace. Les mêmes mots prononcés avec hésitation peuvent refléter la perplexité, le manque de confiance, la critique ou le désintérêt.

La posture peut également exprimer une quantité considérable d'informations. Selon le contexte, la posture avachie peut être comprise de plusieurs façons : elle peut être synonyme de décontraction ou d'irrespect dans une réunion, bien que dans une salle d'audience, elle soit plus susceptible d'être perçue comme un manque de respect. Se pencher en avant peut être synonyme d'empressement, d'attention, de violence ou même d'intimidation. Une démarche militaire raide, en revanche, peut indiquer un sentiment de froideur et un manque de sensibilité.

La proxémique est l'une des parties les plus complexes et les plus pratiquées du langage corporel. Il s'agit de la zone spatiale qui nous entoure pendant les interactions et que, grâce à l'apprentissage social, nous avons appris à attendre dans certaines situations. Les gens parlent souvent de leur désir d'« avoir leur propre espace ».

De nombreux facteurs, dont les normes sociales, les facteurs environnementaux (tels que l'utilisation du sous-sol), les traits de personnalité et le niveau de familiarité, déterminent l'espace dont nous avons besoin et celui que nous percevons.

Par exemple, l'espace personnel requis pour une conversation informelle varie de 45 cm à environ 130 cm. À moins de se trouver dans une fête bondée ou dans un ascenseur, il est généralement considéré comme intrusif pour un étranger de s'approcher d'un espace plus petit que celui mentionné.

La distance acceptable pour une conversation intime se situe entre 0 et 30 cm. À l'inverse, la distance souhaitée pour s'adresser à une foule de personnes varie entre 180 et 360 cm, en fonction du nombre de personnes présentes à la réunion et du lieu.

Le toucher ou « haptique » est un autre aspect important du comportement non verbal. De nombreuses études ont examiné le rôle central du toucher dans le développement comportemental des nourrissons et des jeunes enfants. Les recherches bien connues de

Harry Harlow sur les singes ont montré que la perte du toucher et de l'interaction physique entrave une croissance saine et complète.

Les chiots privés de contact avec leur mère ont montré des difficultés persistantes en matière d'interaction sociale et de comportement. Des résultats similaires ont été rapportés chez les nourrissons et les enfants humains.

L'absence de contact physique favorise la séparation. L'observation de la façon dont les gens se touchent fournit de nombreuses informations auxquelles il faut réfléchir.

L'apparence est la manière dont nous choisissons de nous montrer : les couleurs, les styles vestimentaires, les ornements ou leur absence, les coiffures et d'autres aspects qui influencent l'apparence envoient des messages auxquels les gens répondent. Le denim envoie un message distinct lorsqu'il est porté lors d'une occasion formelle ou dans un procès plutôt que dans un bar.

Selon les recherches sur la psychologie des couleurs, différentes teintes peuvent influencer l'humeur et le comportement, en fonction de la culture. L'apparence peut également influencer les réponses physiologiques, les évaluations et les perceptions. Pensez à la façon dont les artistes pop et les présentateurs de journaux télévisés se présentent différemment au public. Ces derniers doivent nécessairement véhiculer un sentiment de professionnalisme et de sérieux en raison du rôle qu'ils jouent.

N'oubliez pas que pour comprendre plus précisément le langage corporel des autres, il faut tenir compte de nombreux signaux. Vérifier votre intuition par rapport à ce que l'interlocuteur voulait vraiment exprimer peut vous aider à évaluer l'exactitude d'une interprétation dans des contextes informels.

Il peut être amusant et intriguant de travailler avec l'autre partie. Ces connaissances et ce talent peuvent aider chacun à apprendre à lire les autres avec plus de précision et à améliorer ses capacités de communication. Cela peut même améliorer votre vie.

CONTRÔLER LE LANGAGE CORPOREL - FAIRE CORRESPONDRE LE MESSAGE À LA POSTURE

Nous voulons croire que lorsque nous communiquons avec les autres, nos mots sont les véritables conducteurs de notre message, mais si je vous disais qu'il y a plus ? Lorsque les gens s'arrêtent pour nous écouter, ils ne font pas qu'entendre, ils observent également notre langage corporel, qui contredit souvent nos paroles.

Il est bien connu que les actions sont plus éloquentes que les mots. Vous pouvez dire à l'examinateur que vous êtes impatient d'obtenir le poste et que vous êtes confiant et fiable. Votre CV peut également vous aider.

En revanche, si vous continuez à manipuler vos cheveux, à ne pas les regarder dans les yeux et à vous asseoir de manière rigide, les bras croisés, vous montrerez de la nervosité, de l'anxiété et une attitude défensive. Ce n'est pas l'image que vous voulez donner lors d'un entretien d'embauche.

Vos vêtements et vos manières contribuent à l'histoire que votre langage corporel raconte. Si vos vêtements sont froissés et défraîchis, vous donnerez l'impression de n'avoir aucun soin ou respect pour vous-même. Si c'est la façon dont vous vous sentez et voulez vivre, c'est acceptable, mais si vous voulez avancer dans la vie, vous devez vous assurer que votre langage corporel correspond à vos paroles.

Lorsque vous saluez et rencontrez de nouvelles personnes, il est important de vous présenter avec une attitude chaleureuse et confiante, de maintenir un contact visuel et de donner une poignée de main ferme, mais pas écrasante. La poignée de main molle doit être réservée à un parent odieux et ennuyeux. Ne parlez pas comme une locomotive en marche et reprenez votre souffle ; donnez à votre interlocuteur une chance d'interagir. Le cas échéant, souriez, minimisez vos mouvements et ne bougez pas.

Vous devez faire attention à vos mouvements, quel que soit le contexte dans lequel vous vous trouvez. Par exemple, même dans cette ère moderne soi-disant éclairée, les femmes qui sourient excessivement à leurs collègues masculins, secouent leurs cheveux et jouent avec le pied d'un verre à vin communiquent leur intérêt et leur disponibilité par le langage corporel. La vie n'est pas juste, mais c'est comme ça. Par conséquent, je vous conseille de contrôler votre langage corporel si vous voulez éviter les avances de M. Sleazy.

Au contraire, lorsque vous conversez avec de nouvelles ou d'anciennes connaissances, la meilleure chose à faire est de leur accorder toute votre attention. Il n'y a rien de pire que de converser avec quelqu'un qui scrute la pièce avec une expression d'ennui, comme s'il cherchait quelqu'un de mieux que vous pour converser. Soyez polis et donnez-leur le respect qu'ils méritent. Toutefois, si vous vous trouvez devant une fête ennuyeuse, vous pouvez simplement chercher une excuse et vous défiler gracieusement.

La connaissance du langage corporel peut donc être utilisée dans une grande variété de situations : sur le lieu de travail, à la maison et dans les relations personnelles. Ce canal de communication transmet plus d'informations que les mots écrits et, s'il est utilisé correctement, il peut vous faire gravir les échelons de la réussite plus rapidement que l'eau dans un égout.

Si l'on y prête attention, le langage corporel peut être utilisé comme un outil utile pour s'améliorer et atteindre ses objectifs plus rapidement.

PRISE DE PAROLE EN PUBLIC : LANGAGE CORPOREL ET POSTURE

Nous sommes souvent attirés par les personnes que nous trouvons sympathiques et ouvertes. Une personnalité positive fait preuve de confiance et exerce un pouvoir attractif sur les autres. Lors d'une prise de parole en public, le degré d'influence exercé dépend largement du langage corporel utilisé. L'aspect le plus difficile de la prise de parole en public consiste à maintenir une position influente, en utilisant son intelligence émotionnelle.

Je pense que la composante visuelle a généralement plus de poids auprès du public. Il s'agit du langage corporel d'une personne, de sa posture, de son contact visuel et de ses expressions faciales. Plus de 50 % de l'efficacité d'un orateur dépend de ces facteurs. Vous contrôlez peut-être vos paroles, mais pouvez-vous aussi gérer votre langage corporel ?

Les composantes du langage corporel sont la posture, les gestes et l'expression du visage. Lorsque vous vous exprimez devant une grande foule, tous les regards sont braqués sur vous, il est donc crucial de maîtriser tous ces facteurs. Lorsque vous vous exprimez devant un grand nombre de personnes, un langage corporel positif permet d'établir un rapport avec l'auditoire. Il aide également les gens à se concentrer sur vous et votre message.

Une exposition parfaite implique d'utiliser les bons mots et de les combiner avec un langage corporel approprié, ce qui permet de communiquer de manière non verbale. Les orateurs compétents utilisent tout leur corps pour soutenir le message qu'ils veulent transmettre.

Si vous vous retrouvez assis, projetez un sentiment d'énergie et de confiance. Redressez votre dos, posez vos pieds sur le sol et placez vos mains ouvertes sur la table ; enfin, évitez les expressions excessives qui pourraient désorienter les spectateurs.

Si, en revanche, vous êtes debout, adressez-vous à l'auditoire en gardant le dos droit ; gardez les mains sur les côtés ou posez-les doucement sur le podium pour montrer que vous êtes à l'aise ; ne vous balancez pas pour ne pas distraire l'auditoire attentif.

Évitez de vous tenir derrière le podium car cela vous éloignerait du public, alors que votre objectif est de le rapprocher ; ajustez la hauteur du microphone en conséquence.

Examinez toutes les zones de la pièce : de droite à gauche et d'avant en arrière, afin de susciter l'intérêt de chaque membre de l'auditoire ; utilisez vos mains pour accentuer et évacuer le stress ; évitez de mettre vos mains derrière votre dos ou dans vos poches pour ne pas donner l'impression d'être dans un état d'anxiété.

Ne croisez pas les bras sur la poitrine pour ne pas montrer un désintérêt pour la communication ; ne vous baissez jamais pour ne pas faire mauvaise impression à l'auditoire ; gardez le menton haut et relevez la tête, ce qui transmet le pouvoir, l'autorité.

Adaptez votre langage corporel à la taille de la pièce ; vos mouvements doivent être amples et fluides, et non brusques et saccadés ; vos pieds doivent être dirigés droit devant vous. Vous pouvez bouger, mais n'oubliez pas d'entrecouper ces mouvements de moments de calme.

Essayez de dégager votre visage dès le début : lorsque vous accueillez le public et à différents moments du discours, vous devez sourire.

Les orateurs de petite taille peuvent s'avancer et se tenir plus près du public plutôt que de se tenir au podium, ce qui vous fera paraître plus grand.

Il est difficile pour la plupart des gens de se retrouver seuls face à une foule. Cet événement étrange provoque un malaise, une tension et la sensation d'avoir des papillons dans l'estomac. Être naturel n'est pas la voie la plus rapide vers le succès, nous devons faire un effort supplémentaire pour être plus expressif et persuasif dans les discours et les présentations en public.

Travaillez votre langage corporel pour maximiser chaque occasion de parler en public. Lorsque vous aurez appris le langage corporel, les mouvements, le contact visuel, les gestes et la posture appropriés, vous serez sur la bonne voie pour réussir à parler en public.

LE LANGAGE CORPOREL ET LE MENSONGE

Il n'est pas toujours facile d'identifier les faussetés. Il faut être capable d'interpréter l'état d'esprit d'une personne, son langage, la façon dont elle l'utilise et d'autres signes de mensonge. Toutefois, l'un des moyens les plus faciles de détecter les mensonges est d'observer le langage corporel pour y déceler des signes de tromperie.

Lorsqu'une personne est malhonnête, ses manières, sa posture, sa démarche et ses mouvements sont radicalement différents de ceux d'une personne détendue qui dit la vérité. Bien que certains le cachent efficacement et soient plus difficiles à démasquer, nous montrons tous des signes de tromperie, même ceux qui peuvent le plus contrôler leur comportement.

Cependant, il existe de nombreuses façons de détecter un menteur par le biais du langage silencieux ; concentrons-nous donc sur quelques-unes des plus significatives qui concernent notre corps.

Cinq stratégies pour détecter les mensonges grâce au langage corporel

- Se gratter le visage
  Une façon de déterminer si quelqu'un ment est d'observer la façon dont il utilise ses mains. Les menteurs portent souvent leurs paumes ou leurs doigts à leur bouche ou se grattent l'arrière du cou. Un menteur se gratte souvent le nez en parlant. Ces actes spontanés indiquent qu'ils sont mal à l'aise ou incertains de leur position et peuvent révéler leur degré de sincérité ;

- Hochement ou secouement de la tête
  Certaines personnes, lorsqu'elles mentent, ont le réflexe inconscient de hocher la tête quand elles disent « non » ou de secouer la tête quand elles disent « oui ». Ce comportement est

déclenché à un niveau inconscient, de sorte qu'ils n'en sont pas conscients. Malgré leurs déclarations, ils peuvent exprimer la vérité en hochant ou en secouant la tête ;

- Barrière entre vous et eux
  Parfois, une personne qui ne se sent pas à l'aise pour mentir mettra physiquement quelque chose entre vous et elle. Chaises, tables et tout ce que vous pouvez trouver et derrière lequel vous pouvez vous cacher offre à la personne malhonnête un moyen de se sentir plus en sécurité. S'il n'y a pas de barrière entre vous et le menteur, ce dernier tentera d'en créer une ;

- Posture
  La posture d'un menteur n'est pas détendue, à moins qu'il ne soit exceptionnellement doué pour le mensonge ; la plupart des gens deviennent plus rigides et plus gênés lorsqu'ils sont dans une situation où ils doivent ou veulent mentir. Il peut arriver que les sujets reconnaissent leur comportement rigide et s'efforcent de le modifier. Cependant, cela rend généralement les individus plus maladroits, car ils commencent à se balancer d'avant en arrière ou à changer de pied sans raison apparente ;

- Mouvements inhabituels de la paume de la main
  Un autre conseil pour détecter les mensonges grâce au langage corporel est d'étudier les paumes de la main du suspect. Souvent, les paumes ne sont pas tournées vers vous et les personnes sont

susceptibles de vous montrer le dos de leurs mains. En outre, de nombreuses enquêtes ont montré que les menteurs touchent rarement leur poitrine avec leur paume ouverte.

« Si vous voulez créer un amour vital et durable, vous devez devenir un maître de l'appréciation verbale et non verbale ».

Gay Hendricks

« Carpe Diem »

Horace

CONCLUSION

Le langage corporel transmet beaucoup de choses sur vous et influence considérablement la façon dont les gens vous perçoivent. Par conséquent, vous pouvez apprendre beaucoup de choses simplement en observant le langage corporel des autres.

Jusqu'à 55 % de la communication humaine est basée sur le langage corporel et les signaux vocaux, qui peuvent transmettre des messages différents selon la situation.

Les personnes ayant un langage corporel confiant, caractérisé par des mouvements amples et ouverts, par exemple, sont généralement perçues comme plus confiantes. Ils sont plus susceptibles d'être moins stressés, plus dominants, de prendre des risques et d'être optimistes.

Selon les études, simuler des postures autoritaires ou humbles a également influencé favorablement ou défavorablement la confiance des participants.

Le processus de prétention vous aidera à prendre conscience de vos mouvements, en commençant par de modestes ajustements de votre langage corporel. C'est une chose que tout le monde peut apprendre.

Il existe trois circonstances fréquentes dans lesquelles le langage corporel - et les stratégies permettant de lire entre les lignes pour comprendre ce qui se passe - sont particulièrement essentiels : un entretien d'embauche, un rendez-vous galant et la détection ou le masquage de mensonges.

Que nous le voulions ou non, nous mentons tous souvent. Dans les 10 premières minutes d'une conversation avec un inconnu, nous sommes susceptibles de mentir une ou plusieurs fois. Même si ce sont de petits mensonges, nous les disons quand même. Il arrive à la plupart d'entre nous de mentir pour éviter un conflit, même s'il serait préférable d'exprimer la vérité.

Les mots peuvent être trompeurs, mais il est difficile pour le corps humain de cacher des mensonges. Utiliser le langage corporel et savoir interpréter celui des autres peut être d'une grande aide pour communiquer avec les autres.

L'objectif principal de l'interprétation du langage corporel est de déterminer le niveau de confort actuel. Il existe une méthode pour le déterminer qui combine des indices verbaux et le langage corporel.

Posséder la capacité de déterminer si quelqu'un ment en se basant sur son langage corporel est un avantage considérable. L'intuition n'est jamais exacte à 100 %, mais avec de la pratique, on peut devenir plus sensible à la tromperie.

Cependant, il est assez difficile de détecter les mensonges blancs, les mensonges par omission et les exagérations avec cette technique.

Selon les recherches, les menteurs présentent souvent de nombreux comportements gênants et certaines caractéristiques distinctives ; par exemple, selon les recherches, il est presque impossible de produire un sourire authentique lorsqu'on ment. En conséquence, de nombreuses personnes apparaissent maladroites sur les photos de famille. Si les sourires sont feints, ils semblent maladroits.

Le vrai sourire est dans les yeux, car il relève les joues et génère des rides autour des yeux. Il est difficile à simuler, car il faut ressentir un bonheur réel, ce qui est impossible si l'on ment. Par conséquent, un faux sourire est utile pour évaluer si l'on raconte un mensonge.

En général, le menteur compense par un contact visuel excessif et semble rigide tout en essayant de ne pas remuer. Les interactions authentiques, en revanche, impliquent de courtes périodes de contact visuel. Parce qu'ils sont mal à l'aise, les menteurs se touchent souvent le cou ou les yeux, détournent le regard et raidissent les épaules.

S'ils sont accusés de quelque chose, les menteurs fournissent des détails supplémentaires et suggèrent des punitions pour les vrais criminels. Ils répondront à votre demande par une question afin d'avoir le temps de formuler une réponse. Ce style de discours, associé à un langage corporel défavorable, sera utile pour détecter la malhonnêteté.

Il est essentiel de reconnaître que certains individus peuvent toujours avoir un comportement inapproprié. Recherchez de nombreux signes, faites confiance à votre instinct et demandez une confirmation en cas de doute. Il est essentiel de lire le langage corporel de votre partenaire lors d'un premier rendez-vous pour éviter de parler de sujets qui le mettent mal à l'aise.

Fondamentalement, vous ne vous intéressez qu'aux indicateurs généraux de confort et d'inconfort. À cette fin, il est nécessaire d'observer le langage corporel de ces personnes. Lors d'un premier rendez-vous, la plupart des gens croisent les bras, gardent leurs distances et tiennent leurs mains vers le haut.

Votre objectif est de les pousser à être plus réceptifs en étant plus ouvert et en les accueillant vous-même à bras ouverts et avec un sourire authentique. Chacun a tendance à imiter le comportement de ceux qui l'entourent, donc si vous êtes gentil et à l'aise, les autres se sentiront mieux aussi.

Lors d'un premier rendez-vous, le niveau de confort peut fluctuer en raison de la nervosité et vous ferez certainement quelques erreurs ; mais ne vous inquiétez pas, continuez.

Observez le langage corporel positif et concentrez-vous sur ses causes. Si vous observez un langage corporel défavorable, changez de sujet. Il peut y avoir des soirs où vous rencontrez quelqu'un avec qui vous ne pouvez pas vous connecter, avec qui vous ne vous entendez pas bien et vous vous sentez mal à l'aise, embarrassé : si cela se produit, acceptez la possibilité que cette personne ne soit pas faite pour vous et passez à autre chose.

La seule différence entre les entretiens d'embauche et les premiers rendez-vous est que dans un rendez-vous, vous êtes sur un pied d'égalité, alors que dans un entretien d'embauche, c'est l'interlocuteur qui a le dessus.

Ainsi, votre malaise est plus grand que celui de votre interlocuteur. Vous pourriez facilement afficher un langage corporel négatif, que vous devrez essayer de dissimuler afin de ne pas paraître inaccessible ou indésirable, professionnellement parlant. Outre un excellent langage corporel, une salutation chaleureuse, un sourire et une poignée de main ferme sont de bon augure pour un entretien agréable.

Préparez-vous à l'entretien, renseignez-vous sur l'organisation et les personnes susceptibles de vous recevoir ; vous serez ainsi plus à l'aise et plus sûr de vous.

Le confort naturel est la ressource la plus importante, mais certaines astuces peuvent être utilisées pour le simuler. Le contact visuel est essentiel, surtout lorsque vous posez des questions et écoutez les réponses de votre interlocuteur.

Ne couvrez pas vos yeux, penchez-vous légèrement en avant et mettez votre main sur vos lèvres pour indiquer que vous ne parlez pas et que vous écoutez attentivement.

Tout interlocuteur expérimenté comprendra votre nervosité et votre tension. Un excès de confiance, en revanche, peut être interprété comme un signe que vous ne prenez pas l'entretien au sérieux.

Comprendre les signaux verbaux et non verbaux vous aide à parler aux autres et à les comprendre. C'est peut-être amusant, mais vous n'êtes pas un médium ; vous ne pouvez pas lire dans les pensées ou déchiffrer les pensées ou les émotions d'une autre personne.

Utilisez ces approches pour trouver des informations qui vous aideront à mieux comprendre et communiquer avec les autres.

Meilleurs vœux !

Printed in Poland
by Amazon Fulfillment
Poland Sp. z o.o., Wrocław
21 December 2023

c0b3df56-773b-4730-9efe-159a3b71f3fbR01